# はじめに

「英語ができるようになりたいけれど、何をしたら良いかわからない。」
「今の英語勉強法が効果的かわからない。」
「英語の勉強を頑張っているのに、なかなかできるようにならない。」

この本を手に取ってくださったあなたは、このように悩んでいませんか。

私たち＊は英語を学ぶとき、母国語である日本語を通して理解します。**その英語がどういう意味か、なぜそのような英文法を使うのか、まず日本語できちんとわかることが大切**なのです。

＊ 長年英語圏で生活している、父親や母親の母国語が英語である、バイリンガルの人は除きます。

母国語である日本語は、幼いころからたくさん言葉を聞いて、自然と習得できましたね。しかし、外国語である英語はそうはいきません。意味がわかっていないのに、英語をシャワーのように浴びても英語の力は伸びないのです。

日本語を通して英語をきちんと理解できるように、本書は日本語の解説を充実させました。新出の文法項目に対して、基本的に**左ページ：日本語解説、右ページ：英語解説**という構成になっています。しっかりと見比べて、日本語でいうとどういうことか、なぜそのような英語になるのかを理解してほしいと思います。

学習を進めていくと、英語圏と日本語圏では文化が異なり、そのちがいが言語にも表れていることに気づくはずです。**文化や考え方のちがいを理解することも、外国語の学習の醍醐味**です。ぜひ楽しみながら、日本語と英語を比べて、両者の理解を深めましょう！

オーダーメイド自律学習支援教室「テラック」代表　多田淑恵

# 目次

日本語と英語のちがいがわかる解説と
やさしい問題を繰り返して、
英文法の基礎を固めよう！

あやふやなアルファベットはありませんか。
自信のない人は、ここでチェックしていきましょう。

| A A A | B B B | C C C |
| a a a | b b b | c c c |

| D D D | E E E | F F F |
| d d d | e e e | f f f |

| G G G | H H H | I I I |
| g g g | h h h | i i i |

| J J J | K K K | L L L |
| j j j | k k k | l l l |

| M M M | N N N | O O O |
| m m m | n n n | o o o |

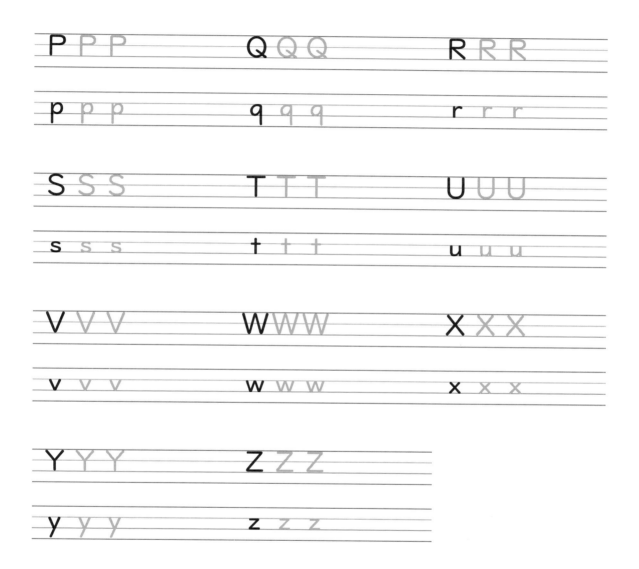

P P P    Q Q Q    R R R

p p p    q q q    r r r

S S S    T T T    U U U

s s s    t t t    u u u

V V V    W W W    X X X

v v v    w w w    x x x

Y Y Y    Z Z Z

y y y    z z z

自信がないアルファベットは
なぞって確認しよう。

# 0. 日本語と英語のちがい

## 日本語ってどんな言語？

日本語とはどんな言語でしょうか。ふだんから何気なく使っているので、日本語について考える機会はなかなかないかもしれません。英語を学習し、英語と比べることで、日本語の特徴が見えてきます。

●あいまいな言葉

「先生、トイレ！」というたったこれだけの言葉で、私たちは意味をくみ取ることができます。

先生、私はトイレに行きたいです。
先生、私はトイレに行ってもいいですか。

下線部のような主語や述語が省略されていますが、私たちはそれを話の流れや文脈で補って理解しています。このように、日本語では言葉を省略しても意味が伝わります。

●あいまいな語順

次の三つの表現は全て同じ意味です。

私は　お父さんと　映画を　見ました。
お父さんと　映画を　私は　見ました。
映画を　私は　お父さんと　見ました。

日本語では、ある程度語順を入れかえても文が成立します。

●あいまいな「いつ」の区別

今、テレビを見ています。
毎日テレビを見ています。
来週日曜日はテレビを見ています。

日本語では、今この瞬間のことも、現在のことも、未来のことも、同じ形の述語で表すことができるのです。

> 日本語は、あいまいであることで、文脈や場の空気を察して話の全体像を理解することが多い言語なんだ。「空気を読む」ってやつだね！

## 英語ってどんな言語？

日本語と英語は単語がちがうだけではありません。言語の構造や仕組みにどのようなちがいがあるのでしょうか。

☆きっちりとある主語と述語

　英語で "Mr. Suzuki, the bathroom！（先生、トイレ！）" と単語を並べて伝えても、会話が成り立たない可能性が高いです。

Mr. Suzuki,　　I　　want to　　go　　to the bathroom.
　鈴木先生　　　私は　　〜したい　　〜に行く　　　　トイレ

Mr. Suzuki,　　may　　I　　go　　to the bathroom？
　鈴木先生　　〜してもいい　私は　〜に行く　　　　トイレ

意味が通じる英文にするためには、主語と述語が必要です。

☆きっちりと決められた語順

I　　saw　　the movie　　with my father.
私は　見ました　　映画を　　　　私の父と

英語では、①だれ（何）が ②どうする（何だ） ③何を　というように語順が決まっています。
日本語のように語順を自由に入れかえることはできません。

☆きっちりと「いつ」を区別

I　am watching　　　TV now.（今この瞬間のこと）
I　watch　　　　　　TV every day.（現在のこと）
I　am going to watch　TV next Sunday.（未来のこと）

「watch（見る）」という言葉の形が変化していますね。
日本語では「見ています」という同じ表現を使えましたが、英語では形を変えて「いつのことか」を明確に区別します。

> 英語は主語（だれが、何が）を明らかにして、自分と他人を
> きっちり線引きするよ。意思をはっきり主張する言語なんだ。
> 日本語と英語のちがいはまだまだたくさんあるから、
> このドリルをやって見つけていこうね！

# 1.「一つの」「その」──冠詞 a/the

## 一本のバラ／そのバラ

Q．次の（　　　）にはどんな言葉があてはまりますか。┌┄┄┄┄┐から選びましょう。

① どれでもいいので、バラが一本ほしいとき：バラを（　　　）ください。

② とりわけ美しいバラがあり、それがほしいとき：（　　　）バラをください。

┌┄┄┄┄┄┄┄┄┄┄┄┄┄┄┄┄┄┄┄┄┄┄┐
　その　　ある　　一本　　それ
└┄┄┄┄┄┄┄┄┄┄┄┄┄┄┄┄┄┄┄┄┄┄┘

A．① 一本　　② その

「一本のバラ」は「一輪のバラ」ともいうことができます。「本」「輪」「つ」「匹」「頭」など、日本語には様々な数え方の単位がありますね。

「りんごを（一つ）ください」、「（その）ドアを開けて」、「（その）バラをください」というように、日本語では「一つの」「その」が省略されることもあります。

●一つ（一人）の人や物や事柄で、特定しないときには、「一つの」を使います。

一本のバラ

一人の生徒

一つのりんご

> 物によっては「本」「人」などの数え方の単位を使います。

●特定の人、物、事柄を指し示したいときには、「その」を使います。次のような場面で使います。

（１）　話し手と聞き手が特定のものを認識しているとき

そのバラ

そのドア

指をさすなどして指定しているとき、前後の話の流れから一つに特定されるときなどです。

（２）　一度話題に上った事柄を指すとき

私は犬を飼っています。その犬は白いです。

## a rose / the rose

★「一つの」は a（an）、「その」は the で表します。これらのことを冠詞（かんし）といいます。

> 日本語と異なり、英語には数え方の単位がありません。
> 英語はその名詞が特定されるものなのかどうかを重要視し、a(an) と the の使い分けをします。

☆特定されない「一つ（本、人）の〜」
　a rose　　　一本のバラ
　a student　 一人の生徒

　後ろの名詞が母音（a, i, u, e, o）で始まるときは an になります。
　an apple　　一つのりんご

☆特定された一つ「その〜」
　the rose　　そのバラ
　the door　　そのドア

そのバラ

☆一度話題に上った「その〜」
　I have a dog. The dog is white.　　私は犬を飼っています。その犬は白いです。

☆冠詞 the は次のような場合にも使います。
　the sun（太陽）、the earth（地球）、the sky（空）
　……世界に一つしかないもの。
　play the piano（ピアノを演奏する）、
　play the guitar（ギターを弾く）
　……楽器を演奏する場合の楽器の前。

例えば have a guitar
（ギターを持っている）は
the じゃないよ。

# 基本問題

【1】 日本語と同じ意味にするとき、（　　　）内の英語のうち正しいもの
　　　を〇で囲みましょう。

（1） 一本のバラ

　　　( a / the ) rose

| 名 rose |
|---|
| バラ |

（2） そのバラ

　　　( a / the ) rose

（3） 一人の生徒

　　　( a / the ) student

| 名 student |
|---|
| 生徒 |

（4） その生徒

　　　( a / the ) student

（5） 一つのりんご

　　　( a / the / an ) apple

| 名 apple |
|---|
| りんご |

（6） そのりんご

　　　( a / the / an ) apple

（7） 太陽

　　　( a / the ) sun

| 名 sun |
|---|
| 太陽 |

（8） その犬

　　　( a / the ) dog

| 名 dog |
|---|
| 犬 |

（9） 地球

　　　( a / the / an ) earth

| 名 earth |
|---|
| 地球 |

（10） ピアノを演奏する

　　　play ( a / the ) piano

| 名 piano |
|---|
| ピアノ |

【２】　次の日本語を英語にしましょう。

（１）　一つのオレンジ

_____

名 orange
オレンジ

（２）　一匹の犬

_____

（３）　その犬

_____

（４）　一人の生徒

_____

（５）　一つのりんご

_____

# 2. 数えられる名詞と数えられない名詞 —— 複数形

## 三人の生徒たち／二杯の水

Q. 生徒が一人ではなく複数いるとき、次の（　　　　）にあてはまる言葉は何でしょうか。

生徒（　　　　）

A. たち、ら

● 人や動物に「たち」や「ら」を付けると、一人（匹）ではなく、複数存在することを表せます。

一人の生徒　⇒　三人の生徒ら

一匹の動物　⇒　五匹の動物たち

さらに、物にはこれらの複数を表す言い方がそもそも存在しません。

一台のバス　⇒　六台のバス＿＿＿

一つの都市　⇒　四つの都市＿＿＿

日本語では、「たくさんの生徒」というように、複数いる場合でも「たち」「ら」を付けずに「生徒」「動物」などということが多いです。日本語は単数なのか、複数なのかはふだんあまり意識されません。

● 人や物は一人（つ）、二人（つ）……と数えることができますが、水はどうでしょうか。

境界線があいまいなので、一つの水、二つの水……と数えることが難しいですね。

しかし、下のイラストのように容器に入れると、数えることができます。

 コップ二杯

 ボトル三本

このように境界線があいまいで一つ、二つと数えられない物は、水やコーヒーといった液体のほかに、砂糖や米などがあります。砂糖や米は一粒一粒を数えられなくはないですが、ふつう数えるときは計量スプーンやマスを使いますね。

## three students / two glasses of **water**

★複数あることを表すとき、日本語では人や物の名前の後ろに「たち」「ら」などを付けますが、英語では名詞の後ろに複数形の s を付けます。英語は日本語とちがって、単数なのか複数なのかを明確にする、数量に厳密な言語です。

☆複数形の s の付け方

・基本の形 ➜ 名詞 ＋ s

　a student ➜ three students　三人の生徒ら

　an animal ➜ five animals　　五匹の動物たち

・-s, -sh, -ch, -x, -o で終わる名詞 ➜ 名詞 ＋ es

　a bus ➜ six buses　六台のバス

・a, i, u, e, o 以外の文字（子音）＋ y で終わる名詞 ➜ 名詞最後の y を i に変えて ＋ es

　a city ➜ four cities　四つの都市

★生徒や動物のように、数えられる名詞には複数形の s が付きますが、水などの数えられない名詞には複数形の s は付きません。

水などは容器に入れると数えることができます。

このとき、「water」ではなく「glass」や「bottle」を数えます。

two glasses of water　　コップ二杯の水

three bottles of water　ボトル三本の水

> 数えられない名詞には、a(an) も付けられないよ。

【数の形容詞の使い分け】

| | 数えられる名詞 | 数えられない名詞 |
|---|---|---|
| たくさんの | a lot of | |
| | many | much |
| いくらかの | some | |
| 少しの | a few | a little |

# 基本問題

【1】 次の単語を英語にしたとき、数えられる名詞には〇を、数えられない
名詞には×を書きましょう。

（1） バラ 　　　　　　 [ 　　　 ]

（2） 水 　　　　　　 [ 　　　 ]

（3） 動物 　　　　　　 [ 　　　 ]

（4） 砂糖 　　　　　　 [ 　　　 ]

（5） パン 　　　　　　 [ 　　　 ]

（6） チーズ 　　　　　　 [ 　　　 ]

☆パンやチーズは英語では数えられる名詞なのか？
　パンやチーズは一つ、二つと数えられるのでしょうか。
　パンもチーズも切り方によって数が変化しますね。
　切る前の状態だと一つ、薄く切れば一枚、小さなかたまりに切れば
　一かけらです。
　どれを一つとして数えるか決めることができないので、
　パンやチーズは英語では数えられない名詞です。

a slice of〜 （スライスした）一枚の〜
a piece of〜　一かけらの〜
などを付けると数えることができるよ。

【2】 日本語と同じ意味にするとき、（　　　）内の英語のうち正しいもの
　　　を○で囲みましょう。

（1） 一人の生徒

　　　a ( student / students )

（2） 五人の生徒たち

　　　five ( student / students )

（3） 一つのりんご

　　　an ( apple / apples )

（4） 三つのりんご

　　　three ( apple / apples )

（5） 六台のバス

　　　six ( bus / buss / buses )

（6） コップ二杯の水

　　　two glasses of ( water / waters )

名 student
生徒

名 apple
りんご

名 bus
バス

名 glass
コップ

glass は「コップ」のことで、
冷たい飲み物に使うガラス製の
コップ。
cup は「カップ」のことで、温
かい飲み物に使う取っ手の付い
たマグカップを表すよ。

【3】 正しいものには○を、間違っているものには×を書きましょう。

（1） 四つの都市

　　　four citys　　　　　　　　　　　　[　　　　]

（2） 水

　　　a water　　　　　　　　　　　　　[　　　　]

（3） カップ三杯のコーヒー

　　　three cups of coffees　　　　　　　[　　　　]

名 city
都市

名 water
水

名 coffee
コーヒー

## 3. 助詞「は」「の」「を」── 代名詞

> 私は本を持っています。／これは私の本です。
> この本は私のものです。／私は彼を知っています。

Q. （　　　）にあてはまる助詞を答えましょう。

　　私（　　　）、本を持っています。　　　　A. は（が）

➡「○○は（が）」という形で、「私」が文の主語になります。

Q. （　　　）にあてはまる助詞を答えましょう。

　　これは、私（　　　）本です。　　　　　A. の

➡「○○の」という形で、「私」が持っていること（所有格）を表します。

また、次のような表現もできます。

　　この本は私のものです。

「この本」＝「私のもの」となります。

「この本、私の！」というように、日本語では言葉を省略しても通じますね。

Q. （　　　）にあてはまる助詞を答えましょう。

　　私は彼（　　　）知っています。　　　　A. を

知っている

➡「○○を」という形で、動作・状態の対象（目的格）を表します。

日本語では、「 主語 が 対象 を ～する（動詞）。」という語順になりますね。

---

「は（が）」、「の」、「を」は、言葉と言葉の関係を示す語で、助詞といいます。
助詞によって伝わる内容が変わりますね。

I have a book. / This is my book.
This book is mine. / I know him.

★英語では、「〇〇は（が）」（主格）、「〇〇の」（所有格）、「〇〇を（に）」（目的格）、「〇〇のもの」（所有代名詞）で、代名詞の形が変化します。

【代名詞の活用表】

|  | 主格<br>〜は（が） | 所有格<br>〜の | 目的格<br>〜を（に） | 所有代名詞<br>〜のもの |
|---|---|---|---|---|
| 私 | I | my | me | mine |
| あなた<br>あなたたち | you | your | you | yours |
| 彼 | he | his | him | his |
| 彼女 | she | her | her | hers |
| それ | it | its | it |  |
| 私たち | we | our | us | ours |
| 彼ら<br>彼女ら<br>それら | they | their | them | theirs |

日本語では「私＋は」、「私＋の」、「私＋を」、「私＋の＋もの」というように複数の語が組み合わさっています。しかし英語ではそれぞれ I, my, me, mine など一語で表せます。

〈主格〉　　　　　I have a book.　私は 本を持っています。

〈所有格〉　　　This is my book.　➜　my book　これは 私の 本です。

〈所有代名詞〉　This book is mine.　➜　this book ＝ mine　この本は 私のもの です。

〈目的格〉　　　I know him.　➜　I ➡ him　私は 彼を 知っています。
　　　　　　　　　　　　　　　　　　know

日本語では、「主語 が 対象 を 〜する（動詞）。」という文が、英語では、「主語 が 〜する（動詞）対象 を。」という文になります。日本語と英語では語順がちがいますね。

# 基本問題

【1】 日本語と同じ意味にするとき、（　　　　）内の英語のうち正しいものを〇で囲みましょう。

（1） 私は

（ I / my / me / mine ）

（2） 私の名前

（ I / my / me / mine ）name

（3） 彼女の本

（ she / her / hers ）book

（4） 彼女のもの

（ she / her / hers ）

（5） あなたは

（ you / your ）

（6） あなたの犬

（ you / your ）dog

（7） 私たちは

（ we / our / ours ）

（8） 私たちの学校

（ we / our / ours ）school

（9） 彼らを

（ they / their / them / theirs ）

（10） 彼らのもの

（ they / their / them / theirs ）

【2】 次の日本語を英語にしましょう。

（１） 彼らは

_____

（２） 彼女は

_____

（３） それは

_____

（４） 彼を

_____

（５） 彼の名前

_____

（６） 彼らの本

_____

本が一冊のときは book（単数形）を、複数あるときは books（複数形）を使うよ。
（６）は本が一冊なのか、複数あるのかわからないので、どちらでも正解だよ。

## 4. 主語＝述語 ── be 動詞

> 私は生徒です。／彼は親切です。

Q．次の（　　　　）にはどんな言葉があてはまりますか。┌┄┄┐から全て選びましょう。

私は（　　　　　　　　）です。

┌─────────────────────────────────────┐
走る　　生徒　　ドカーン　　かわいい　　親切　　由紀子　　急に
└─────────────────────────────────────┘

A．生徒、かわいい、親切、由紀子

●「 主語 は○○です。」というときの○○には、① 名詞（人や物事を表す言葉）、あるいは
② 形容(動)詞（人や物のようすや性質を表す言葉）が入ります。

① 「 主語 は名詞です。」の場合は、 主語 と名詞は同じものになります。

    私 は生徒です。　➜　私　＝　生徒
    彼女 は由紀子です。　➜　彼女　＝　由紀子

② 「 主語 は形容(動)詞です。」の場合は、形容(動)詞が 主語 を説明します。

    あなた はかわいいです。　➜　あなた　かわいい（＝かわいいあなた）

    彼 は親切です。　➜　彼　親切です（＝親切な彼）

「かわいいです」は「かわいい（形容詞）＋ です」から成りますが、「親切です」は一語で
形容動詞です。

┌─────────────────────────────────────────┐
日本語では、「私は生徒。」「あなたはかわいい。」というように、「です」がなくても
〈 主語 ＋ 名詞。〉、〈 主語 ＋ 形容詞。〉だけで文が成立します。英語ではどうでしょうか。
└─────────────────────────────────────────┘

## I am a student. / He is kind.

★ 主語 ＝ 名詞、形容詞が 主語 を説明する関係性を、英語では be 動詞（am, are, is）で表します。

【主語による be 動詞の変化】

| 主語 | be 動詞 |
|---|---|
| I（私は） | am |
| You（あなたは） | are |
| You（あなたたちは）<br>We（私たちは）<br>They（彼らは）　など | are<br>☆主語が複数のとき |
| He（彼は）<br>She（彼女は）<br>This（これは）<br>That（あれは）<br>It（それは） | is |

> am は I のときだけ

> You は単数（あなたは）の場合も複数（あなたたちは）の場合も、be 動詞は are になるね。

日本語と異なり、英語の場合は〈 主語 ＋ 名詞 .〉、〈 主語 ＋ 形容詞 .〉だけでは文が成立しません。① 〈 主語 ＋ be 動詞 ＋ 名詞 .〉　② 〈 主語 ＋ be 動詞 ＋ 形容詞 .〉という形で、必ず be 動詞を使います。

① 〈 主語 ＋ be 動詞＋名詞 .〉の場合

　　× I a student.　➔　○ I am a student.　私は生徒です。

　　× She Yukiko.　➔　○ She is Yukiko.　彼女は由紀子です。

> 英語に形容動詞はないよ。kind（親切な）は形容詞だよ。

② 〈 主語 ＋ be 動詞＋形容詞 .〉の場合

　　× You pretty.　➔　○ You are pretty.　あなたはかわいいです。

　　× He kind.　➔　○ He is kind.　彼は親切です。

# 基本問題

【1】 日本文と同じ意味にするとき、(　　　　) 内の英語のうち正しいもの
を○で囲みましょう。

(1)　私はサチコです。

I ( am / is / are ) Sachiko.

(2)　あなたはかわいいです。

You ( am / is / are ) pretty.

(3)　私たちは生徒です。

We ( am / is / are ) students.

(4)　彼らは親切です。

They ( am / is / are ) kind.

(5)　彼女はピアニストです。

She ( am / is / are ) a pianist.

(6)　あれはりんごです。

That ( am / is / are ) an apple.

(7)　彼は先生です。

He ( am / is / are ) a teacher.

(8)　あなたたちは若いです。

You ( am / is / are ) young.

(9)　これはバラです。

This ( am / is / are ) a rose.

(10) あれは本です。

That ( am / is / are ) a book.

形 kind
親切な

名 pianist
ピアニスト

名 teacher
先生

形 young
若い

【２】 日本文と同じ意味にするとき、(　　　　) 内の英語を並べかえて、正しい英文を作りましょう。文頭は大文字で書きましょう。

（１）　彼はトムです。

( Tom / is / he ).

am, are, is は主語と
あわせて短縮できるよ。
　am → 主語'm
　are →主語're
　is →主語's

_____

（２）　あなたは親切です。

( kind / you / are ).

_____

（３）　あれはりんごです。

( an / is / that / apple ).

_____

（４）　私はピアニストです。

( I / pianist / am / a ).

_____

（５）　彼らは先生です。

( are / teachers / they ).

_____

## 練習問題

【1】 次の英文には誤りがあります。誤りを直して日本文に合う英文になる
　　 よう書きかえましょう。

（1） 私は生徒です。

I are a student.

_____

名 student
生徒

（2） 彼は若いです。

He am young.

_____

（3） これはりんごです。

This be an apple.

_____

（4） あなたは背が高いです。

You is tall.

_____

形 tall
背が高い

（5） それらは本です。

They be books.

_____

【２】 次の日本文を英文にしましょう。

（１） 私たちは若いです。

_____

（２） 彼女は先生です。

_____

（３） あれは本です。

_____

名 book
本

（４） それらはペンです。

_____

名 pen
ペン

（５） 彼らは親切です。

形 kind
親切な

_____

They「彼らは」は人だけでなく、「それらは」というように
物が複数あるときにも使います。

名詞に冠詞 a(an) や
複数形の s を付けるのを
忘れないようにしよう！

## 5. 主語≠述語、主語＝述語？── be 動詞の否定文と疑問文

> **そのバラは白くありません。／あなたは山田さんですか。**

Q．赤いバラがあります。このとき、次の（　　　）にあてはまる言葉は何でしょうか。
　　そのバラは白く（　　　　　　）。
　　　　　　　　　　　　　　　　　　　　　　　A．ありません（ない）

●そのバラは赤いので「白くありません」と打ち消す表現にします。

　そのバラは<u>白くありません</u>。　→　そのバラ　白くない（＝白くないバラ）
　　　　　　　白い + ない

「白くありません」「白ではありません」「白くないです」というように、日本語では打ち消しの表現がたくさんあります。

Q．話している相手の名前がわからず、山田さんかどうか知りたいとき、次の（　　　）にあてはまる言葉は何でしょうか。
　　あなたは山田さん（　　　　　　）。
　　　　　　　　　　　　　　　　　　　　　　　A．ですか

●山田さんかどうか、たずねる表現にします。
　日本語で「〜ですか」とたずねる表現は、「です＋か」から成り、文末に「か」を付けるだけです。話すときは、語尾を上げて発音します。

　あなたは山田さん <u>ですか</u>。
　　　　　　　　　　です＋か

この質問の答え方について考えてみましょう。この質問には、「はい」あるいは「いいえ」で答えることができますね。

―はい、そうです。
―いいえ、ちがいます。

日本語では、文末の表現を変えると、打ち消しの表現やたずねる表現になりますね。

## The rose is not white. / Are you Mr. Yamada ?

★「〜ではありません」というように、打ち消す表現は〈主語 + be 動詞（am, are, is）+ not〜.〉です。

The rose　is　not white.　　そのバラは白くありません。
　　　　　です　ない

is not → isn't、　are not → aren't に短縮できます。

★「〜ですか」というように、たずねる表現は〈be 動詞（Am, Are, Is）+ 主語 + 〜?〉です。英語は日本語とちがって、語順そのものを変えて文末に「?」を付けます。話すときは日本語と同じように、語尾を上げて発音します。
答えるときは、〈Yes, 主語 + be 動詞（am, are, is）.〉あるいは〈No, 主語 + be 動詞（am, are, is）+ not.〉を使います。

Are you Mr. Yamada ?　　あなたは山田さんですか。

— Yes, I am.　　　　はい、そうです。
— No, I am not.　　　いいえ、ちがいます。

am not は短縮
できないから
注意しよう。

質問の受け手は、自分のことについて答えるので、主語は「I（私）」です。
また、Yes, I am (Mr. Yamada). / No, I am not (Mr. Yamada). というように、質問文と重複している Mr. Yamada を省略して答えます。

---

打ち消しでも疑問でもない文を肯定文といいます。
また、打ち消しの文を否定文、たずねる文を疑問文といいます。
日本語と異なり、英語では「not（ない）」を語の間に入れて否定文にしたり、語順を入れかえて疑問文にしたりします。

---

# 基本問題

【1】 日本文と同じ意味にするとき、（　　　）内の英語のうち正しいものを○で囲みましょう。

（1） これはペンではありません。

This ( not is / is not ) a pen.

（2） 私は生徒ではありません。

I ( is not / am not ) a student.

（3） 彼は親切ですか。

( He is / Is he ) kind ?

— はい、そうです。

—Yes, ( is he / he is ).

（4） 彼女はサチコですか。

( Is she / She is ) Sachiko ?

— いいえ、ちがいます。

—No, ( she is / she isn't / he isn't ).

（5） 私たちは若くありません。

We ( not are / be not / are not ) young.

（6） 彼らは日本人ですか。

( They are / Are they ) Japanese ?

— いいえ、ちがいます。

—No, ( it is not / are they / they aren't ).

【2】 日本文と同じ意味にするとき、（　　　）内の英語を並べかえて、正しい英文を作りましょう。文頭は大文字で書きましょう。

（1） これはバラではありません。

( rose / a / not / is / this ).

_____

（2） 私たちは先生ではありません。

( not / are / teachers / we ).

_____

名 teacher
先生

（3） 彼女は親切ですか。　　　　　　　　 — はい、そうです。

( kind / is / she )?　　　　　　　　 — ( she / yes / , / is ).

_____　　　　　　 _____

（4） 彼は若いですか。　　　　　　　　　 — いいえ、そうではありません。

( he / young / is )?　　　　　　　　 — ( no / is / , / not / he ).

_____　　　　　　 _____

（5） 私は背が高くありません。

( am / tall / I / not ).

形 tall
背が高い

_____

## 練習問題

【Ⅰ】 次の英文には誤りがあります。誤りを直して日本文に合う英文に書き
かえましょう。

（１） これはりんごではありません。

This not is an apple.

_____

（２） 彼は背が高いですか。　　　　　— いいえ、そうではありません。

He is tall?　　　　　　　　　　— No, he is.

_____　　_____

（３） 彼らは先生ではありません。

They are teachers not.

_____

（４） 彼らは親切ですか。　　　　　— はい、そうです。

Is they kind?　　　　　　　　— Yes, we are.

_____　　_____

> これ、あれ、それ→単数形
> これら、あれら、それら→複数形だよ。
> 日本語が似ているので注意しよう！

【2】　次の日本文を英文にしましょう。

（1）　あなたは生徒ではありません。

_____

（2）　彼女は背が高いですか。　　　　　― いいえ、そうではありません。

_____　　_____

（3）　私たちは生徒ではありません。

_____

（4）　それらはりんごではありません。

_____

（5）　あなたはサッカーファンですか。

名 soccer
サッカー

名 fan
ファン

_____

　― はい、そうです。

_____

```
「あなたは～ですか。」と聞かれたとき、答えの主語は「私」になります。

┌─────────────────────┐          ┌─────────────────────┐
│  あなたは～ですか。  │          │   私は～です。      │
└─────────────────────┘          └─────────────────────┘
```

【 I 】 日本語と同じ意味にするとき、（　　　　）内の英語のうち正しいもの
　　　を〇で囲みましょう。　　　　　　　　　　　　　　　（3点×10）

（1）　私の本
　　　（ I / my / me ）book

（2）　一冊の本
　　　（ a / an / the ）book

（3）　その本
　　　（ a / an / the ）book

（4）　二本のペン
　　　two（ a pen / pen / pens ）

名 pen
ペン

（5）　彼のペン
　　　（ he / his / him ）pen

（6）　コップ二杯の水
　　　two glasses of（ a water / waters / water ）

（7）　彼女は先生です。
　　　She（ am / is / are ）a teacher.

名 teacher
先生

（8）　私たちは若いです。
　　　We（ am / is / are ）young.

形 young
若い

（9）　あれはバラです。
　　　That（ am / is / are ）a rose.

（10）　あれは私たちの学校です。
　　　That（ am / is / are ）our school.

名 school
学校

**【2】** 次の疑問文に対する答えとして正しいものを [_____] から選び、記号
で答えましょう。　　　　　　　　　　　　　　　　（3点×6）

（1）　Are you a student？　　　　　　　　　　[　　　]

（2）　Is this pen yours？　　　　　　　　　　[　　　]

（3）　Is the man a teacher？　　　　　　　　[　　　]

（4）　Are they kind？　　　　　　　　　　　[　　　]

（5）　Are you students？　　　　　　　　　　[　　　]

（6）　Is the girl tall？　　　　　　　　　　　[　　　]

名 student
生徒

名 man
男性

形 kind
親切な

名 girl
少女

形 tall
背が高い

```
ア　Yes, they are.      イ　No, she isn't.
ウ　Yes, I am.          エ　Yes, we are.
オ　No, it isn't.       カ　No, he isn't.
```

**【3】**　次の英文を（　　　）の指示に従って書きかえましょう。（3点×4）

（1）　I am a student.（否定文に）

_____

（2）　I am a student.（主語を we に変えて）

_____

（3）　You are a teacher.（疑問文に）

_____

（4）　This is a book.（本が私のものだと言いたいとき）

_____

【4】 日本文と同じ意味にするとき、（　　　　）内の英語を並べかえて、正しい英文を作りましょう。文頭は大文字で書きましょう。　（4点×5）

（1）　これは私の本ではありません。

（ not / is / my / this / book ）.

_____

名 book
本

（2）　あれは彼の自転車です。

（ that / bicycle / his / is ）.

_____

名 bicycle
　　（＝ bike）
自転車

（3）　私は先生ではありません。

（ am / a / not / I / teacher ）.

_____

（4）　このかばんは彼のものです。

（ is / his / bag / this ）.

_____

名 bag
かばん

（5）　彼らは日本人ではありません。

（ Japanese / are / not / they ）.

_____

形・名 Japanese
日本の、日本人の、
日本人

・Japanese
　日本人（複数形）

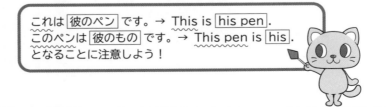
これは 彼のペン です。→ This is his pen .
このペンは 彼のもの です。→ This pen is his .
となることに注意しよう！

34

【5】 次の日本文を英文にしましょう。　　　　　　　（4点×5）

（1）　あれは私のペンではありません。

_____

（2）　それらはバラです。

_____

名 rose
バラ

（3）　その男性は私の先生ではありません。

_____

名 man
男性

（4）　彼女のお母さんは親切です。

_____

名 mother
母親

（5）　あれはあなたたちの学校ですか。

_____

　　　― いいえ、ちがいます。

_____

冠詞 a, an, the と my, our, your, his, her などの所有格は同時に使えないよ。
○ my book, a book
× a my book

> 私はりんごを食べます。

Q. 次の（　　　）にはどんな言葉があてはまりますか。 ┈┈ から選びましょう。

　　私はりんごを（　　　　　　　）。

┌─────────────────────────────────┐
　　　赤い　　小さい　　たくさん　　あなた　　急に　　食べます
└─────────────────────────────────┘

A. 食べます

┌─────────────────────────────────────────────┐
│ 「主語は〜を○○。」の○○には、主語の動作や状態を表す言葉が入ります。 │
└─────────────────────────────────────────────┘

● 「食べる」は動作を表す言葉です。

　　私はりんごを食べます。

食べる

　　「走る」「泣く」など、「〜を」がなくても成立する動詞もあります。

　　（例）あなたは走ります。

● 「食べる」「走る」「泣く」は動作を表しますが、「ある」「いる」のように状態や存在を表す言葉もあります。物事の動作、状態、存在を表す言葉を動詞といいます。

┌─────────────────────────────────────────────┐
│ 「食べる」「走る」「泣く」「ある」「いる」というように、 │
│ 日本語の動詞は言い切りの形がウ段で終わるよ。 │
└─────────────────────────────────────────────┘

36

## I eat apples.

★「食べる」「走る」「泣く」のような動詞を、be動詞（am, are, is）と区別して、英語では一般動詞といいます。

英語では〈主語 ＋ 一般動詞 ＋ 目的語 .〉という語順になります。

I    eat    apples .   私はりんごを食べます。
主語  一般動詞  目的語

働きかける対象を示す「〜を(に)」にあたる語を目的語というよ。

「run（走る）」「cry（泣く）」のように、目的語がなくても成立する一般動詞もあります。
これは日本語とよく似ています。
（例）You run.　あなたは走ります。

☆動作を表す一般動詞と状態を表す一般動詞
「eat（食べる）」「run（走る）」などは動作を表す動詞（動作動詞）です。
「know（知っている）」「have（持っている）」などは状態を表す動詞（状態動詞）です。

状態動詞の場合、日本語訳は基本的に「〜ている」になります。
ただし、例外もあります。like は状態動詞ですが、「好いている」という表現はふだんあまり使いませんね。間違いではありませんが、「好きです」と訳す方が自然です。日本語の「好きです」は動詞ではありません。

このように、日本語の品詞と英語の品詞はいつも一致するとは限りません。
英語を日本語に訳すときは、意味が同じであればどのような表現を使っても構いません。

日本語の状態動詞「ある」「いる」は英語では be 動詞（am, are, is）だよ。

## 基本問題

【1】 日本文と同じ意味にするとき、（　　　　）内の英語のうち正しいもの
を〇で囲みましょう。

（1）　私はりんごを食べます。

I ( am / eat ) apples.

（2）　あなたは生徒です。

You ( are / like ) a student.

（3）　彼らはサッカーをします。

They ( are / play ) soccer.

（4）　彼は親切です。

He ( is / play ) kind.

（5）　私たちは毎日走ります。

We ( are / run ) every day.

（6）　私は背が高いです。

I ( am / like ) tall.

（7）　私はペンを持っています。

I ( am / have ) a pen.

① 主語 + be 動詞 + 名詞／形容詞.
　　　　　　　am, are, is
② 主語 + 一般動詞（ ＋目的語 ）.

【2】 日本文と同じ意味にするとき、（　　　）内の英語を並べかえて、正しい英文を作りましょう。文頭は大文字で書きましょう。

（１）　私は彼が好きです。

（ him / like / I ）.

動 like
好きである、好む

_____

（２）　あなたは毎日走ります。

（ day / every / run / you ）.

_____

（３）　私たちはテニスをします。

（ play / we / tennis ）.

名 tennis
テニス

_____

（４）　彼らは英語を勉強します。

（ they / English / study ）.

動 study
勉強する
名 English
英語

_____

（５）　私はピアノを演奏します。

（ play / piano / I / the ）.

名 piano
ピアノ

_____

# 練習問題

【1】 次の英文には誤りがあります。誤りを直して日本文に合う英文に書きかえましょう。

（1） 私は毎日サッカーをします。

I am soccer every day.

_____

（2） 私たちは毎週日曜日に英語を勉強します。

We are study English on Sundays.

_____

名 Sunday
日曜日
・on Sundays
　毎週日曜日に

（3） あなたは親切です。

You play kind.

_____

形 kind
親切な

（4） 私はりんごを食べます。

I apples eat.

_____

（5） 彼らは生徒です。

They study students.

_____

名 student
生徒

【２】次の日本文を英文にしましょう。

（１）　私は彼女が好きです。

_____

（２）　彼らは毎日英語を勉強します。

_____

副 every day
毎日

（３）　あなたは毎週日曜日にテニスをします。

_____

（４）　私たちは生徒です。

_____

（５）　私はピアノを演奏します。

_____

一つの英文の中に動詞は一つだけだよ。
be 動詞と一般動詞は同時に使えないんだ。

# 7. しません・しますか ―― 一般動詞の否定文と疑問文

> 私はテニスをしません。
> あなたは毎日英語を勉強しますか。

Q. 次の（　　　）にはどんな言葉があてはまりますか。

① 【スポーツはサッカーしかしないとき】

　　私はテニスを（　　　　　　）。

② 【話している相手が毎日英語を勉強するかどうか知りたいとき】

　　あなたは英語を毎日勉強（　　　　　　）。

A. ① しません（しない）　② しますか

●打ち消す文（否定文）

　動作や状態を表す言葉のあとに、「ない」を付けると否定文になります。

　　私はテニスを <u>しません</u> 。
　　　　　　　　　します＋ない

　　私は犬を <u>飼っていません</u> 。
　　　　　　　飼っています＋ない

●たずねる文（疑問文）

　動作や状態を表す言葉のあとに、「か」を付けると疑問文になります。

　　あなた は毎日英語を勉強しますか。
　　　　　　　　　勉強します＋か

　　― はい、勉強します。
　　― いいえ、勉強しません。

> # I don't play tennis.
> ## Do you study English every day？

★ 「～しません」というように、否定文にするには〈主語 + do + not + 一般動詞～.〉にします。

I do not play tennis.　私はテニスをしません。
　　　ない

日本語から考えると「I not play tennis.」「I play not tennis.」となりそうですが、
do を用いて「I do not play tennis.」とします。この do 自体に意味はありません。
do not → don't に短縮できます。


★ 「～しますか」というように、疑問文にするには〈Do + 主語 + 一般動詞～?〉にします。
この疑問文には、〈Yes, 主語 + do.〉あるいは〈No, 主語 + do + not.〉で答えます。

Do you study English every day？　あなたは毎日英語を勉強しますか。

日本語では文末に「～か」を付けて疑問文にしますが、英語では文頭に do を置いて、最後に
「?」を付けます。否定文同様、この do 自体に意味はありません。

— Yes, I do.　　（＝ Yes, I study English every day.）　　はい、勉強します。
— No, I do not.　（＝ No, I do not study English every day.）　いいえ、勉強しません。

返事の do / do not は、質問文と共通している動詞（study）を受けたり、重複する表現を省略
したりしています。

☆数を表す形容詞 some と any

・肯定文では、some を使います。意味は「いくつか」です。

I have some dogs.　　　　私は何匹か犬を飼っています。


・否定文にするとき、some を any に変えます。意味は「一つも〜ない」となります。

I don't have any dogs.　　私は一匹も犬を飼っていません。

＝ I have no dogs.　　　　私はゼロ匹の犬を飼っています。


・疑問文にするときも、some ではなく any を使います。意味は「いくつか」です。

Do you have any dogs?　　あなたは何匹か犬を飼っていますか。

— Yes, I do.　　　　　　はい、飼っています。

— No, I don't.　　　　　いいえ、飼っていません。



☆ Do you have a dog? と Do you have any dogs? のちがい

・Do you have a dog? は「あなたは（一匹）犬を飼っていますか。」という意味です。質問する
側が「犬を飼っているとすれば一匹だろう」と想定してたずねる場合に使います。


・Do you have any dogs? は「あなたは（何匹か）犬を飼っていますか。」という意味です。質問
する側が「何匹でも良いから犬を飼っているかどうか」をたずねる場合に使います。

# 基本問題

【1】 日本文と同じ意味にするとき、（　　　　）内の英語のうち正しいものを〇で囲みましょう。

（1）　私はテニスをしません。

I ( play not / don't play ) tennis.

（2）　あなたは生徒ではありません。

You ( are not / do not ) a student.

（3）　彼らはサッカーをしますか。

( Do they play / They play ) soccer？

（4）　私たちはピアノを弾きません。

We ( are not play / do not play ) the piano.

（5）　あなたは先生ですか。

( Do you / Are you ) a teacher？

（6）　あなたは毎日英語を勉強しますか。

( Do you / Are you ) study English every day？

　　　―はい、します。

( Yes, I am / Yes, I do ).

動 play
（スポーツなどを）
する
（楽器を）
弾く、演奏する

名 soccer
サッカー

名 piano
ピアノ

名 teacher
先生

動 study
勉強する

名 English
英語

副 every day
毎日

① be 動詞（am, are, is）の否定文・疑問文
② 一般動詞の否定文・疑問文
では形が変わるね。
①については p. 27 を復習しよう！

【２】 日本文と同じ意味にするとき、（　　　　）内の英語を並べかえて、正しい英文を作りましょう。文頭は大文字で書きましょう。

（１） 私は犬を一匹も飼っていません。

( have / do / dogs / not / any / I ).

_____

（２） 彼らは毎日走りません。

( day / they / every / run / don't ).

_____

（３） 私たちはテニスをしません。

( not / play / we / tennis / do ).

_____

（４） あなたはピアノを演奏しますか。

( you / do / play / piano / the )?

_____

　　　―いいえ、演奏しません。

( I / no / do / not / , ).

_____

動 have
持っている、
飼っている

形 any
（否定文
not～any で）
一つも～ない

動 run
走る

副 every day
毎日

名 tennis
テニス

## 練習問題

【1】 次の日本文を英文にしましょう。（　　　）の指示があれば、それに
　　　従って書きましょう。

（1）　私はネコを飼っていません。（no を使って）

　　　_____

（2）　あなたは何匹かネコを飼っていますか。

　　　_____

（3）　あなたたちは毎週水曜日にテニスをしますか。

　　　_____

　　　— はい、します。

　　　_____

（4）　私たちは生徒ではありません。

　　　_____

（5）　彼らはギターを演奏しません。

　　　_____

名 cat
ネコ

名 Wednesday
水曜日
・on Wednesdays
　毎週水曜日に

名 guitar
ギター

【Ⅰ】 日本文と同じ意味にするとき、（　　　　）内の英語のうち正しいもの
　　　を○で囲みましょう。　　　　　　　　　　　　　　　　（4点×6）

（1）　私は日本語を話します。

　　　I ( am / speak ) Japanese.

（2）　あなたは背が高いです。

　　　You ( are / like ) tall.

（3）　彼らはピアノを弾きません。

　　　They ( are not / do not ) play the piano.

（4）　彼女はピアニストではありません。

　　　She ( are not / do not / is not ) a pianist.

（5）　彼は先生ですか。

　　　( Do / Is ) he a teacher？

　　　― いいえ、ちがいます。

　　　No, he ( is not / am not / don't ).

（6）　その生徒たちは毎日英語を勉強しますか。

　　　( Do / Are / Is ) the students study English every day？

　　　― はい、します。

　　　Yes, ( we are / they do / it is ).

名 Japanese
日本語

動 speak
話す

形 tall
背が高い

名 pianist
ピアニスト

名 teacher
先生

名 student
生徒

【2】 次の疑問文に対する答えとして正しいものを[_____]から選び、記号
で答えましょう。　　　　　　　　　　　　　　　（4点×6）

（1）　Do you like English？　　　　　　　　[　　　]　　　動 like
　　　　　　　　　　　　　　　　　　　　　　　　　　　　　好きである、好む

（2）　Is this book his？　　　　　　　　　　[　　　]　　　名 English
　　　　　　　　　　　　　　　　　　　　　　　　　　　　　英語

（3）　Do they play tennis？　　　　　　　　[　　　]

（4）　Are they teachers？　　　　　　　　　[　　　]

（5）　Are you a student？　　　　　　　　　[　　　]

（6）　Is the girl a pianist？　　　　　　　　[　　　]　　　名 girl
　　　　　　　　　　　　　　　　　　　　　　　　　　　　　少女

```
ア　Yes, they do.　　イ　Yes, I do.
ウ　Yes, they are.　　エ　No, it isn't.
オ　Yes, I am.　　　　カ　No, she isn't.
```

【3】 次の英文を（　　　）の指示に従って書きかえましょう。（4点×4）

（1）　We play tennis.（否定文に）

_____

（2）　They like music.（疑問文に）　　　　　　　　　　　　　名 music
　　　　　　　　　　　　　　　　　　　　　　　　　　　　　音楽

_____

（3）　I am a pianist.（主語を he に変えて）

_____

（4）　They are students. （否定文に）

_____


【4】　日本文と同じ意味にするとき、（　　　　）内の英語を並べかえて、正しい英文を作りましょう。文頭は大文字で書きましょう。　（4点×4）

（１）　私たちは毎日走りません。
　　　（ day / we / every / run / don't ）.

_____


（２）　私はネコを一匹も飼っていません。
　　　（ have / do / cats / not / any / I ）.

_____


（３）　その生徒たちはたくさんの本を持っています。
　　　（ the / have / many / students / books ）.

_____


（４）　その少女たちはピアノを演奏しますか。
　　　（ do / the / play / girls / piano / the ）?

_____


　　　―いいえ、演奏しません。
　　　（ they / no / do / not / , ）.

_____

動 run
走る
副 every day
毎日

動 have
持っている、
飼っている
形 any
（否定文 not～
any で）
一つも～ない

形 many
たくさんの

【5】 次の日本文を英文にしましょう。　　　　　　　　（4点×5）

（1） 彼らは先生ですか。

_____

（2） その少年たちは毎日サッカーをしません。

_____

動 play
（スポーツなどを）
する
名 soccer
サッカー

（3） 私は毎週日曜日に英語を勉強します。

_____

名 Sunday
日曜日
・on Sundays
　毎週日曜日に

（4） 彼女のお母さんはピアニストです。

_____

名 mother
母親

（5） あなたは数学が好きですか。

_____

名 math
数学

　　　— はい、好きです。

_____

> あなたの誕生日はいつですか。
> あなたは何を持っていますか。

Q. 次の（　　　　）にはどんな言葉があてはまりますか。

①　誕生日をたずねたいとき：あなたの誕生日は（　　　　）ですか。

②　持っているものを知りたいとき：あなたは（　　　　）を持っていますか。

A. ① いつ　　② 何

知りたい情報があるとき、「いつ」「何」などの言葉を使ってたずねますね。

「いつが誕生日ですか。」「持っているのって、何。」というように、日本語で話すときは、このような言葉は文中のどこに置いてもいいです。

●あなたの誕生日はいつですか。

　―（私の誕生日は）七月十五日 です。

●あなたは何を持っていますか。

　―（私は）ノート を持っています。

これらの質問に答えるときは「七月十五日です。」「ノートを持っています。」というように、主語を省略することができます。

日本語では、話の流れでわかっている主語は省いて話すことが多いですね。

> ## When is your birthday?
> ## What do you have?

★知りたい情報をたずねるときに使う「いつ」「何」などの言葉を 疑問詞 といいます。
英語では疑問詞を必ず文頭に置き、その後に be 動詞や一般動詞の疑問文を続けます。

☆ be 動詞の文のとき

あなたの誕生日はいつですか。

When is your birthday？

┌ 考え方
│ ① Your birthday is いつ .
│ ② いつ かがわからないので
│   when を使う。
│ ③ When を文頭に置き、
│   be 動詞の疑問文を続ける。

それは七月十五日です。

— It is July 15th.
         └──→ = my birthday
              答える人にとっては自分の誕生日なので
              my birthday です。

☆一般動詞の文のとき

あなたは何を持っていますか。

What do you have？

┌ 考え方
│ ① You have 何 .
│ ② 何 かがわからないので
│   what を使う。
│ ③ What を文頭に置き、
│   一般動詞の疑問文を続ける。

私はノートを持っています。

— I have a notebook.
     └──→ 返事をするとき、英語では主語を
          省略しません。
          英文が成立するためには、
          主語と動詞が必要です。

他にもいろいろな疑問詞があるよ！
次のページでチェックだ！

# 8. いつ／何 ── 疑問詞②（wh-）

【疑問詞の種類】

| 日本語 | 疑問詞 |
|---|---|
| だれ | who |
| だれの | whose |
| 何 | what |
| いつ | when |
| どこ | where |
| なぜ | why |
| どちら | which |
| どのように | how |

> 詳しくは p. 61 をチェック！

how 以外、全て wh- から始まっています。

☆ why と because の使い方

Why do you like Ryota？　なぜ涼太が好きなのですか。

```
考え方
① 理由をたずねる文は文頭に
  why ＝ なぜ を置く。
② Why のあとに疑問文を続ける。
```

── Because he is kind.　親切だからです。

```
考え方
① 理由を表す だから に
  あたる Because を文頭に置く。
② 理由を表す肯定文か否定文を続ける。
```

> because は接続詞という
> 文と文とをつなぐ言葉だよ。
> 詳しくは2年生でも習うよ。

日本語では「〜だからです。」というように、理由を表す言葉を文末に置きますが、
英語では文頭に置きます。

☆ which の使い方

どの自転車があなたのものですか。

Which bike is yours？

これが私の自転車です。

— This is mine.

考え方
① which = どの が
　bike = 自転車 を修飾するので
　Which bike をひとまとまりとして扱う。
② Which bike を文頭に置き、
　疑問文を続ける。

what, whose も、このような
疑問詞＋名詞 ～？の文にする
ことができるよ。
what color どんな色
whose book だれの本

Which bike is yours？ は、

Which is your bike？ と言いかえることもできます。

紅茶とコーヒー、どちらがほしいですか。

Which do you want, tea or coffee？
　　　　　　　　　　 A 　　 B

紅茶がほしいです。

— I want tea.

疑問文でAとBの二つから選ぶとき、
文の最後に〈～, A or B?〉を付けます。

日本語では、二つから一つのものを特定するときは「どっち」、三つ以上では「どれ」
を使いますね。「どちら」は数に関係なく使えます。
英語の「which」は、この「どちら」にあたるもので、二つのものにも三つ以上のものに
も使うことができます。

## 基本問題

【1】 日本文と同じ意味にするとき、（　　　）内の英語のうち正しいものを○で囲みましょう。

（1） 彼はだれですか。

（ Whose / Who ）is he？

（2） あなたは何を勉強しますか。

（ Who / What ）do you study？

（3） 駅はどこですか。

（ What / Where ）is the station？

名 station
駅

（4） これはだれの本ですか。

（ Whose / Who ）book is this？

（5） あなたの誕生日はいつですか。

（ When / Where ）is your birthday？

（6） 彼の自転車はどれですか。

（ What / Whose / Which ）is his bike？

名 bike
（＝ bicycle）
自転車

（7） あなたはなぜ英語を勉強しますか。

（ What / Why / Which ）do you study English？

（8） どちらのペンがほしいですか。これですか、それともあれですか。

（ What / Which / Where ）pen do you want, this one or that one？

動 want
ほしい

> this one や that one の "one" ＝ pen だよ。
> 英語は語の重複を嫌うから、一度出た単語は繰り返し
> 使わず、one などを使って表し、重複を避けるんだ。

【2】 日本文と同じ意味にするとき、（　　　）内の英語を並べかえて、正しい英文を作りましょう。文頭は大文字で書きましょう。

（1） 図書館はどこですか。

( the / where / library / is )?

名 library
図書館

_____

（2） あれはだれの自転車ですか。

( bike / that / is / whose )?

_____

（3） コーヒーと紅茶、どちらがほしいですか。

( coffee / tea / you / want / which / do / or /, )?

_____

（4） これは何ですか。　　　　　　　　ーペンです。

( this / what / is )?　　　　　ー( pen / is / it / a ).

_____　　_____

（5） あなたはなぜ数学が好きなのですか。

( do / like / you / why / math )?

名 math
数学

_____

ーなぜならおもしろいからです。

ー( is / because / it / interesting ).

名 interesting
おもしろい、
興味深い

_____

（6） あなたはいつ英語を勉強しますか。

( do / study / English / you / when )?

_____

## 練習問題

【1】 次の英文には誤りがあります。誤りを直して日本文に合う英文に書き
　　かえましょう。

（1） 彼女はだれですか。

Who she is？

_____

（2） どの自転車があなたのものですか。

Whose bike is yours？

_____

（3） あれはだれのペンですか。

Whose is that pen？

_____

（4） あなたはいつピアノを演奏しますか。

When you play the piano？

_____

（5） どちらのかばんがほしいですか。

What bag do you want？

_____

【2】　次の日本文を英文にしましょう。

（1）　駅はどこですか。

_____

名 station
駅

（2）　あなたは朝食に何を食べますか。

_____

名 breakfast
朝食
・for breakfast
　朝食に

（3）　これはだれのペンですか。

_____

（4）　どのかばんが彼女のものですか。

_____

名 bag
かばん

（5）　あなたはいつこの自転車を使いますか。

_____

動 use
使う

（6）　彼らはどこで英語を勉強しますか。

_____

（7）　あなたはなぜサチコが好きなのですか。

_____

— なぜなら彼女は親切だからです。

形 kind
親切な

_____

A B C

## 9. 疑問詞③（how）

> あなたはどうやって学校へ行きますか。
> あなたは何冊本を持っていますか。
> 明日、ランチはどうですか。

Q. 次の（　　　）にはどんな言葉があてはまりますか。

① 交通手段を知りたいとき：あなたは（　　　　　）学校へ行きますか。

② 持っている本の数を知りたいとき：あなたは（　　　　　）本を持っていますか。

③ ランチを提案するとき：明日、ランチは（　　　　）ですか。

A. ① どのように／どうやって　　② どれくらい／何冊　　③ どう

① 手段や方法についてたずねたいとき、「どのように（どうやって）」を使います。

あなたは どのように（どうやって） 学校に行きますか。

― 自転車で行きます。

手段や方法についてたずねる際、「今日は何で学校に来たの。」というように「何で」を使うこともできます。

② 量や数についてたずねたいとき、「どれくらい」「何冊（円、個、人、匹…）」を使います。

あなたは どれくらい／何冊 本を持っていますか。

― 五冊です。

あなたは どれくらい／何円 お金を持っていますか。

― 二千円です。

③ 提案したり、意見を聞いたりしたいとき、あるいは状態や調子をたずねたいとき、「どうですか」を使います。

明日、ランチは どう ですか。

― 良いですね。

調子は どう ですか。

― 元気です。

①、②は答えが一つに決まりますが、③「どうですか」という質問は、意見や感想、状態をたずねているので、様々な答え方ができますね。

> How **do you go to school?**
> How many **books do you have?**
> How about **lunch tomorrow?**

① 手段や方法についてたずねたいとき、疑問詞 how を使います。

　[ How ] do you go to school?　あなたは [ どのように ] 学校に行きますか。

　— By bike.　自転車で行きます。

「by + 乗り物」で
交通手段を表すとき、
冠詞（a/the）は
付けないよ。

日本語では「何で来た？」と「何」を使うことができますが、
英語では what ではなく how を使います。

② 量や数についてたずねたいとき、〈How many / How much〉を使います。

　[ How many ] books do you have?　あなたは [ 何冊 ] 本を持っていますか。

　— I have five books.　私は五冊本を持っています。

　[ How much ] money do you have?　あなたは [ いくら ] お金を持っていますか。

　— I have 2000 yen.　私は二千円持っています。

money は「物と交換できる
価値あるもの」という意味
合いを持つので、数えられ
ないとされます。
coin（硬貨）、bill（紙幣）
であれば数えることができ
ます。

〈How many / How much〉の how は「どれくらい」という意味です。
「どれくらいたくさん→何冊・何円」などの訳になります。
〈How many〉は数えられる名詞、〈How much〉は数えられない
名詞に使います。

③ 提案したり、意見を聞いたりしたいとき、〈How about + 名詞〜?〉にします。

　[ How about ] lunch tomorrow?　明日、ランチは [ どう ] ですか。

　— That's nice!　それは良いですね！

状態や調子をたずねたいとき、〈How + 疑問文〜?〉にします。

　[ How ] are you?　調子は [ どう ] ですか。

　— I'm fine.　元気です。

親しい間柄では「I'm good.（元気だよ。）」
と答えても良いね。

# 基本問題

【1】 日本文と同じ意味にするとき、（　　　）内の英語のうち正しいもの
を○で囲みましょう。

（1）　今日の天気はどうですか。

（ What / How ）is the weather today？

名 weather
天気

副 today
今日

（2）　私はサッカーが好きです。あなたはどうですか。

I like soccer.（ How / How about ）you？

（3）　それはいくらですか。

（ How many / How much ）is it？

「～はいくらですか。」
= How much～？
money は使わないんだ。

（4）　あなたは何匹犬を飼っていますか。

（ How many / How much ）dogs do you have？

（5）　調子はどうですか。

（ How / How about ）are you？

（6）　あなたはお金をいくら持っていますか。

（ How many / How much ）money do you have？

名 money
お金

（7）　あなたはどうやって図書館まで行きますか。

（ How / How about ）do you go to the library？

名 library
図書館

― 電車で行きます。

By（ the train / a train / train ）.

名 train
電車

（8）　今夜、ディナーはどうですか。

（ How / How about ）dinner tonight？

名 dinner
ディナー、夕食

副 tonight
今夜

【2】 日本文と同じ意味にするとき、（　　　）内の英語を並べかえて、正しい英文を作りましょう。文頭は大文字で書きましょう。

（1）　そのケーキはいくらですか。

（ how / cake / the / is / much ）？

---

（2）　あなたには兄弟が何人いますか。

（ you / brothers / have / many / do / how ）？

---

（3）　彼らは学校までどうやって行きますか。

（ to / they / how / go / school / do ）？

---

（4）　私は日本食が好きです。あなたはどうですか。

I like Japanese food. ( about / how / you )？

---

（5）　天気はどうですか。

（ weather / the / how / is ）？

---

名 cake
ケーキ

名 brother
兄・弟

名 school
学校

名 food
食べ物
・Japanese food
日本食

63

> 部屋を掃除しなさい。／教室で走ってはいけません。
> 昼食を食べましょう。

Q. 次の（　　　）にはどんな言葉があてはまりますか。
　① 部屋が散らかっていてお母さんから言われた一言：部屋を掃除（　　　　　）。
　② 教室で走ることを禁止するとき：教室で走っては（　　　　　）。

A. ① しなさい　　② いけません

> 日本語で命令や禁止の文にするときは、文末の表現を変えます。

（1）　動詞や形容詞に「（し）なさい」を付けると、命令や指示の表現になります。

　　部屋を掃除しなさい。

（2）　動詞や形容詞に「（し）てはいけません」を付けると、禁止の表現になります。

　　教室で走ってはいけません。

（3）　動詞や形容詞に「（し）てください／（し）ないでください」を付けると、お願いの表現になります。

　　部屋を掃除してください。

（4）　動詞や形容詞に「（し）ましょう。」を付けると、お誘いの表現になります。

　　昼食を食べましょう。

「〜しましょう。」は文によっては丁寧な
言い方・お願いの文にもなるんだ。
（例）静かにしましょう。

> # Clean **your room.** / Don't run **in the classroom.**
> # Let's eat **lunch.**

★命令や禁止の文にするとき、英語では 動詞の原形 や Don't を文頭に置きます。
命令や禁止の文では主語は不要です。

命令や禁止は目の前の相手にする
ことなので、主語がいらないんだ。

動詞の原形とは、変化する前の動詞の形のことです。
一般動詞の原形は、主語が I や you のとき、複数形のときの現在形と同じ形です。
be 動詞（am, are, is）の原形は be です。

（１） 「～しなさい」というように命令の文にするには、 動詞の原形 を文頭に置きます。

Clean your room. （あなたの）部屋を掃除しなさい。
掃除する

（２） 「～してはいけません」というように禁止の文にするには、〈Don't ＋ 動詞の原形 〉を文
頭に置きます。

Don't run in the classroom. 教室で走ってはいけません。
～するな 走る

（３） 「～してください」「～しないでください」というようにお願いの文にするには、（１）や
（２）の文頭あるいは文末に please を置きます。文末に please を置くときは ,（カンマ）
を付けます。

Please clean your room. / Clean your room, please. 部屋を掃除してください。

（４） 「～しましょう」というように、お誘いするには、〈Let's ＋ 動詞の原形 〉を文頭に置きます。

Let's eat lunch. 昼食を食べましょう。

「～しましょう」という日本語でも、「静かにしましょう」のようなお願いの文は（３）の
表現にします。

## 基本問題

【1】 日本文と同じ意味にするとき、(　　　)内の英語のうち正しいもの
を○で囲みましょう。

（1） 宿題をしなさい。

（ Do / You do ） your homework.

（2） 教室では走ってはいけません。

（ Run / Don't run ） in the classroom.

（3） 一緒に行きましょう。

（ Go / Let's go ） together.

（4） うるさくしないでください。

（ Don't be / Not be ） noisy, please.

（5） 英語を話してください。

（ Please speak / Speak please ） English.

（6） ここでは日本語を話してはいけません。

（ Not speak / Don't speak ） Japanese here.

☆ be 動詞の命令文

Be quiet.　　　静かにしなさい。

Don't be noisy.　うるさくしてはいけません。
　　　→ × Not be

【2】 日本文と同じ意味にするとき、（　　　）内の英語を並べかえて、正しい英文を作りましょう。文頭は大文字で書きましょう。

（1） ここで泳いではいけません。

（ here / swim / don't ）.

_____

（2） 手を洗いなさい。

（ your / wash / hands ）.

_____

（3） 親切にしなさい。

（ kind / be ）.

_____

（4） 怒ってはいけません。

（ angry / be / don't ）.

_____

（5） ドアを開けてください。

（ open / , / the / please / door ）.

_____

動 swim
泳ぐ

名 hand
手
動 wash
洗う

形 kind
親切な

形 angry
怒っている

点

【 I 】 日本文と同じ意味にするとき、（　　　　）内の英語のうち正しいもの
　　　を○で囲みましょう。　　　　　　　　　　　　　　　　　（2点×10）

（1）　その少年はだれですか。

　　　( Whose / Who ) is the boy？

（2）　これはいくらですか。

　　　( How many / How much ) is this？

（3）　ピアノを弾きなさい。

　　　( Play / You play ) the piano.

（4）　図書館はどこですか。

　　　( What / Where ) is the library？

（5）　日本語を話してください。

　　　( Please speak / Speak please ) Japanese.

（6）　これはだれのボールですか。

　　　( Whose / Who ) ball is this？

（7）　彼の誕生日はいつですか。

　　　( When / Where ) is his birthday？

（8）　新しい自転車はどうですか。

　　　( What / How ) is the new bike？

（9）　あなたは何匹ネコを飼っていますか。

　　　( How many / What number ) cats do you have？

（10）　静かにしてください。

　　　( Please be / Please do ) quiet.

名 boy
少年

名 library
図書館

名 birthday
誕生日

形 quiet
静かな

【2】 次の疑問文に対する答えとして正しいものを [_____] から選び、記号
　　で答えましょう。　　　　　　　　　　　　　　　（3点×6）

（1）　What do you eat every day?　　　　　[　　　]

（2）　Why do you study math?　　　　　　[　　　]

（3）　Whose bicycle is that?　　　　　　　[　　　]

（4）　How do they go to school?　　　　　[　　　]

（5）　Where do they run?　　　　　　　　[　　　]

（6）　Which do you want, coffee or tea?　[　　　]

　　┌─────────────────────────────────┐
　　│　ア　By bus.　　　イ　Because it is interesting.　│
　　│　　　　　　　　　　　　　　　　　　　　　　　　│
　　│　ウ　I want tea.　　エ　I eat sandwiches.　　　│
　　│　　　　　　　　　　　　　　　　　　　　　　　　│
　　│　オ　It is hers.　　カ　In the park.　　　　　　│
　　└─────────────────────────────────┘

動 eat
食べる

名 math
数学

名 bicycle
自転車

形 interesting
おもしろい

名 sandwich
サンドウィッチ

名 park
公園

【3】 下線部をたずねる疑問文に書きかえましょう。　　（6点×4）

（1）　You play tennis on Sundays.

　　　_____

（2）　This is his pen.

　　　_____

（3）　They run in the park.

　　　_____

（4）　You study English every day.

　　　_____

【４】 日本文と同じ意味にするとき、（　　　）内の英語を並べかえて、正しい英文を作りましょう。文頭は大文字で書きましょう。 （４点×４）

（１） ここで走ってはいけません。

( here / run / don't ).

_____

（２） その生徒たちは図書館までどうやって行きますか。

( the / to / students / how / go / library / do / the )?

_____

（３） あの男の人はだれですか。

( man / who / is / that )?

名 man
男の人

_____

— 私の父です。

—( is / my / he / father ).

名 father
父

_____

（４） どのペンがあなたのものですか。これですか、それともあれですか。

( pen / yours / which / this / is / one / , / or / one / that )?

_____

— これです。

—( one / is / this ).

_____

【5】 次の日本文を英文にしましょう。

（1） あなたには兄弟が何人いますか。　　　　　　　　　（4点）

_____

名 brother
兄・弟

（2） これはだれの本ですか。　　　　　　　　　　　　　（4点）

_____

（3） 親切にしなさい。　　　　　　　　　　　　　　　　（4点）

_____

形 kind
親切な

（4） サッカーをしましょう。　　　　　　　　　　　　　（4点）

_____

名 soccer
サッカー

（5） なぜあなたは英語が好きなのですか。　　　　　　　（6点）

_____

　　― なぜならおもしろいからです。

形 interesting
おもしろい

_____

Which bag is yours？　どれがあなたのかばんですか。
― This one is.　これです。
one ＝ bag です。
This bag is. と答えると、疑問文の bag と重複します。
英語は重複をいやがる言語なので、代わりに one を使うのです。

## 彼は英語を話します。

Q. 次の（　　　）にあてはまる代名詞を└‗‗‗‗‗┘から選びましょう。

① 自分のことを言うとき：（　　　）は英語を勉強します。

② 相手のことを言うとき：（　　　）は数学を勉強します。

③ 遠くにいる男の人のことを言うとき：（　　　）は英語を話します。

④ 遠くにいる二人の人のことを言うとき：（　　　）は日本語を勉強します。

```
あなた　　彼ら　　彼女　　私　　彼
```

A. ① 私　　② あなた　　③ 彼　　④ 彼ら

---

人称代名詞とは、さまざまな立場の人を指し示す言葉です。

相手との関係性や年齢などによって、一人称なら「私」「ぼく」「おれ」、二人称なら「あなた」「君」「お前」、三人称なら「あいつ」「やつ」「あの方」など、（あまり良くない表現も含まれていますが）日本語には多様な人称代名詞があります。

---

●話し手（自分）のことを一人称、聞き手（相手）のことを二人称といいます。一人称は「私」、二人称は「あなた」です。

【一人称】　私　は英語を勉強します。

【二人称】　あなた　は数学を勉強します。

複数の場合は「私たち」「あなたたち」となります。

●話し手と聞き手以外の人・事柄を三人称といいます。

三人称は「彼」「彼女」などです。

【三人称】　彼　は英語を話します。

【2】 日本文と同じ意味にするとき、（　　　）内の英語を並べかえて、正しい英文を作りましょう。文頭は大文字で書きましょう。

（1）　彼は放課後にテニスをします。

（ after / tennis / he / school / plays ）.

_____

副 after school
放課後

（2）　彼女は熱心に英語を勉強します。

（ studies / English / she / hard ）.

_____

副 hard
熱心に

（3）　トムはバスで学校に行きます。

（ goes / school / Tom / by / to / bus ）.

_____

（4）　その少女は毎日ピアノを練習します。

（ the / piano / practices / the / every / girl / day ）.

_____

動 practice
練習する
名 girl
少女

（5）　その少年は二匹のネコを飼っています。

（ has / the / two / boy / cats ）.

_____

have に三単現の s を付けると
haves ではなく has になるよ。

75

# 練習問題

【1】 次の英文には誤りがあります。誤りを直して日本文に合う英文に書きかえましょう。

（1） その少年たちは毎日サッカーをします。

The boys plays soccer every day.

副 every day
毎日

_____

（2） サチコは毎週日曜日に英語を勉強します。

Sachiko studys English on Sundays.

名 Sunday
日曜日
・on Sundays
　毎週日曜日に

_____

（3） トムには兄弟が二人います。

Tom haves two brothers.

名 brother
兄・弟

_____

（4） 彼はとても熱心にギターの練習をします。

He practice the guitar very hard.

名 guitar
ギター
副 hard
熱心に

_____

（5） 彼らはとても上手に英語を話します。

They speaks English very well.

副 well
上手に

_____

76

【2】 次の日本文を英文にしましょう。

（1） 彼女は彼が好きです。

_____

動 like
好きである、好む

（2） 彼らはとても熱心に勉強します。

_____

（3） その少女には兄が一人います。

_____

名 girl
少女

（4） その少年は毎日テレビを見ます。

_____

動 watch
見る

（5） その少年たちは毎週月曜日にサッカーをします。

_____

名 Monday
月曜日

・on Mondays
　毎週月曜日に

## 12. 三人称単数現在形の否定文と疑問文

> **He doesn't practice the piano. / Does he play tennis?**

★主語が単数の三人称（he, she, it など）で現在形のとき、
否定文は〈主語 + does + not + 動詞の原形 ~.〉にします。

〈肯定文〉 He practices the piano.　彼はピアノの練習をします。

〈否定文〉 He does not practice the piano.　彼はピアノの練習をしません。

does not は短縮形 doesn't にできます。

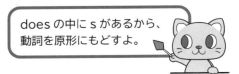

does の中に s があるから、
動詞を原形にもどすよ。

★主語が単数の三人称（he, she, it など）で現在形のとき、疑問文「～しますか」は〈Does + 主語 + 動詞の原形 ~?〉にします。この疑問文には、〈Yes, 主語 + does.〉あるいは〈No, 主語 + does not.〉で答えます。

〈肯定文〉 Tom plays tennis.　トムはテニスをします。

〈疑問文〉 Does Tom play tennis?　トムはテニスをしますか。

does の疑問文では、play（動詞）は s を取って原形にします。

— Yes, he does.　　はい、します。
— No, he does not.　いいえ、しません。

答えるときも、do ではなく、does を使います。
短縮して No, he doesn't. とすることもできます。

答えるときは he, she, it
など代名詞を使うよ。
今回は Tom なので
he（彼）を使うんだ。

---

日本語の場合、主語に関わらず「～しません」「～しますか」を文末に付けることで、否定文・疑問文にすることができます。
しかし、英語の否定文・疑問文は、主語によって do と does の使い分けが必要になります。
主語がだれなのかをしっかりと確認することが大切です。

---

# 基本問題

【1】 日本文と同じ意味にするとき、(　　　) 内の英語のうち正しいもの
を○で囲みましょう。

（1） 私はテニスをしません。

I ( am not / do not / does not ) play tennis.

（2） トムはテニスをしません。

He ( is not / do not / does not ) play tennis.

（3） 私たちは毎週日曜日にピアノを弾きません。

We ( don't / doesn't ) play the piano on Sundays.

（4） 彼女は毎週日曜日にピアノを弾きません。

She ( don't / doesn't ) play the piano on Sundays.

（5） その少年は日本語を話しません。

The boy ( don't speak / doesn't speaks / doesn't speak )
Japanese.

（6） その少年たちは日本語を話しません。

The boys ( don't speak / doesn't speaks / doesn't speak )
Japanese.

（7） サチコは毎週日曜日にテレビを見ますか。

( Is / Do / Does ) Sachiko watch TV on Sundays ?

―いいえ、見ません。

No, she ( isn't / don't / doesn't ).

【2】 日本文と同じ意味にするとき、(　　　) 内の英語を並べかえて、正しい英文を作りましょう。文頭は大文字で書きましょう。

（1）　彼は放課後テニスをしません。

( does / after / tennis / he / school / play / not ).

_____

副 after school
放課後

（2）　彼女は犬を飼っていますか。

( have / dogs / she / any / does )?

_____

形 any
（疑問文で）
いくつかの

（3）　トムはバスで学校に行きません。

( go / school / Tom / by / does / to / bus / not ).

_____

前 by
〜によって、
〜の手段で
・by＋[乗り物]
　[乗り物]で

このとき、
[乗り物]に
冠詞 (a, the) は
付きません。

（4）　その少女は毎日ピアノを練習しますか。

( the / does / piano / practice / the / every / girl / day )?

_____

名 girl
少女

　― はい、練習します。

( she / yes / , / does ).

_____

動 practice
練習する

## 練習問題

【1】 次の日本文を英文にしましょう。(　　　) の指示があれば、それに
　　　従って書きましょう。

（1） トムは日本語を話しません。

動 speak
話す
名 Japanese
日本語

_____

（2） 彼らは英語を話しません。

名 English
英語

_____

（3） その少女には兄弟がいません。（any を使って）

名 brother
兄・弟

_____

（4） その少年は毎日テレビを見ますか。

名 boy
少年
動 watch
見る

_____

　　　― いいえ、見ません。

_____

## あなたは英語を話すことができます。

Q. 下の文に「～できる」という意味を加えるとき、（　　　）にあてはまる言葉を答えましょう。

あなたは英語を話します。　➡　あなたは英語を話す（　　　　　　　　　　　　）。

A. ことができます

● 動詞の後に「（～する）ことができます」を加えると、可能の表現になります。

> 動詞 ＋（～する）ことができます　➡　可能

私はピアノを弾くことができます。

> 弾く ＋ ことができます　➡　弾くことができます ＝ 弾ける

「弾けます」「話せます」「読めます」のように、動詞そのものを変化させて可能を表すこともできますね。

● 動詞に「れる」「られる」という助動詞を付けて、可能の表現にすることもできます。また、これらは受け身や尊敬を表すときもあります。

> 動詞 ＋ れる・られる　➡　可能、受け身、尊敬

あなたはその山に登れます。

> 登(る) ＋ れる　➡　登れる〈可能〉

彼は寿司を食べられます。

> 食べ(る) ＋ られる　➡　食べられる〈可能または尊敬〉

「寿司が食べられる」だと
受け身にもなるね。

このように、日本語は同じ動詞でも様々な可能表現ができる奥深い（ちょっと難しい？）言語なのです。

## You can speak English.

★英語で「～できる」という可能の表現は、〈主語 ＋ can ＋ 動詞の原形 ～.〉で表します。

I can play the piano. 私はピアノを弾くことができます。

You can climb the mountain. あなたはその山に登れます。

He can eat *sushi*. 彼は寿司を食べられます。
× eats

> 主語が三人称単数で現在形のとき、動詞の後ろに s が付きましたね。（三単現の s）
> 助動詞 can を使うときは、s を取って動詞を原形にもどします。

日本語では可能の表現の仕方がたくさんありますが、英語では〈主語 ＋ can ＋ 動詞の原形 ～.〉でほとんど表せます。

☆ can のように動詞と共に用いられ、動詞の意味を変化させる語のことを助動詞といいます。
I play the piano. 私はピアノを弾きます。
I can play the piano. 私はピアノを弾けます。

助動詞は必ず動詞と一緒に使います。
× I can the piano.

> 助動詞は「動詞を助ける」
> 言葉だね！

# 基本問題

【1】 日本文と同じ意味にするとき、（　　　　）内の英語のうち正しいものを〇で囲みましょう。

（1）　私は英語を話せます。

I ( speak / can speak ) English.

（2）　彼らは英語を話します。

They ( speak / can speak ) English.

（3）　その少女はピアノを弾きます。

The girl ( play / plays / can play ) the piano.

（4）　彼女はピアノを弾けます。

She ( play / plays / can play ) the piano.

（5）　トムは速く走れます。

Tom ( runs / can runs / can run ) fast.

副 fast
速く

（6）　サチコは英語で手紙を書きます。

Sachiko ( writes / write / can write ) a letter in English.

動 write
書く

名 letter
手紙

（7）　サチコは英語で手紙を書けます。

Sachiko ( writes / can writes / can write ) a letter in
English.

（8）　その少年は日本食を食べます。

The boy ( eat / eats / can eat ) Japanese food.

形 Japanese
日本の

名 food
食べ物

（9）　彼は日本食を食べられます。

He ( can eats / eat / can eat ) Japanese food.

【2】 日本文と同じ意味にするとき、(　　　) 内の英語を並べかえて、正しい英文を作りましょう。文頭は大文字で書きましょう。

（1）　私たちは速く走ることができます。

( can / fast / we / run ).

_____

（2）　彼女はとても上手に英語を話せます。

( speak / very / English / can / well / she ).

_____

副 well
上手に

（3）　トムはギターを弾けます。

( Tom / guitar / play / can / the ).

_____

（4）　その少年は日本語で手紙を書くことができます。

( the / letter / Japanese / a / can / boy / write / in ).

_____

名 Japanese
日本語

・in Japanese
日本語で

（5）　彼らはこのコンピューターを使うことができます。

( can / they / this / use / computer ).

_____

名 computer
コンピューター

## 練習問題

【1】 次の英文には誤りがあります。誤りを直して日本文に合う英文に書きかえましょう。

(1) 私は毎日このペンを使います。

I can use this pen every day.

_____

(2) 彼らは英語を話せます。

They speak English.

_____

(3) その少年は上手に泳げます。

The boy can swims well.

_____

(4) 彼女は英語で手紙を書けます。

She writes a letter in English.

_____

(5) サチコはピアノを弾くことができます。

Sachiko cans play the piano.

_____

動 use
使う

動 speak
話す

動 write
書く

名 English
英語

・in English
英語で

【2】　次の日本文を英文に直しましょう。

（1）　トムは日本食が好きです。

_____

形 Japanese
日本の
・Japanese food
　日本食、和食

（2）　彼は日本食を食べることができます。

_____

名 food
食べ物

（3）　サチコは日本語を話します。

_____

（4）　彼女は英語をとても上手に話せます。

_____

（5）　私はこのコンピューターを使えます。

_____

名 computer
コンピューター

## 14. can の否定文と疑問文

**He can't speak German. / Can he speak Japanese ?**

★ 「〜できません」というように、不可能を表す否定文にするには、

〈主語 + cannot + 動詞の原形〜.〉にします。

He cannot speak German.　彼はドイツ語を話すことができません。
　　　　　× speaks

cannot は 〈can + not〉から成り立ちますが、can not と離して書くことはありません。
cannot は短縮形 can't とすることもできます。

> 話すときは can't、書くときは cannot が多く使われるよ。

★ 「〜できますか」というように、可能かどうかをたずねる疑問文にするには、

〈Can + 主語 + 動詞の原形〜?〉にします。

この疑問文には、〈Yes, 主語 + can.〉あるいは〈No, 主語 + cannot.〉で答えます。

Can he speak Japanese ?　彼は日本語を話すことができますか。
　　　　　× speaks

— Yes, he can.　　　はい、できます。
— No, he cannot.　　いいえ、できません。

> can の疑問文に答えるとき、can の後に動詞は付かないよ。

---

☆ can を使った様々な表現

・「Can you 〜?」で、「〜してもらえますか」とお願いする表現

Can you help me ?　　→　「手伝ってもらえますか。」

・「Can I 〜?」で、「〜してもいいですか」と許可を求める表現

Can I open the window ?　→　「窓を開けてもいいですか。」

can の可能という意味から考えると、「〜できますか」→「〜してもらえますか」のように
お願いや許可を求める表現になるのも納得です。

---

## 基本問題

【1】 日本文と同じ意味にするとき、（　　　　）内の英語のうち正しいものを〇で囲みましょう。

（1） 私は英語を話せません。

I ( not speak / can't speak ) English.

（2） 彼らは英語を話しません。

They ( don't speak / can't speak ) English.

（3） その少女はピアノを弾けません。

The girl ( can't plays / doesn't play / cannot play ) the piano.

（4） 彼女はピアノを弾けますか。

( Is / Does / Can ) she play the piano?

—— はい、弾けます。

Yes, she ( is / does / can ).

（5） サチコは英語で手紙を書けますか。

( Do / Does / Can ) Sachiko write a letter in English?

名 letter
手紙

—— いいえ、書けません。

No, she ( don't / doesn't / can't ).

（6） トムは日本食を食べますか。

( Can / Is / Does ) Tom eat Japanese food?

形 Japanese
日本の

名 food
食べ物

・Japanese food
日本食

—— はい、食べます。

Yes, he ( can / can eat / does ).

【2】 日本文と同じ意味にするとき、(　　　　) 内の英語を並べかえて、正しい英文を作りましょう。文頭は大文字で書きましょう。

（1） あなたは速く走れますか。

( can / fast / you / run )?

副 fast
速く

_____

（2） 彼女は上手に英語を話せません。

( speak / can't / English / well / she ).

副 well
上手に

_____

（3） トムはギターを弾けません。

( Tom / guitar / play / cannot / the ).

_____

（4） その少年は日本語で手紙を書くことができますか。

( the / letter / Japanese / a / can / boy / write / in )?

名 Japanese
日本語
・in Japanese
　日本語で

_____

― はい、できます。

( can / yes / , / he ).

_____

90

## 練習問題

【1】 次の日本文を英文にしましょう。

（1） トムは日本食を食べません。

_____

（2） 彼は日本語を話せません。

_____

（3） その少女はピアノを練習しますか。

動 practice
練習する

_____

― いいえ、しません。

_____

（4） サチコはピアノを弾けますか。

_____

― はい、弾けます。

_____

【1】 日本文と同じ意味にするとき、（　　　）内の英語のうち正しいもの
　　　を〇で囲みましょう。　　　　　　　　　　　　　　　　（4点×7）

（1）　彼は学校に行きます。

He ( go / goes ) to school.

（2）　彼らは学校に行きます。

They ( go / goes ) to school.

（3）　その生徒たちはフランス語を話します。

The students ( speak / speaks / can speak ) French.

（4）　その少女はギターを弾きます。

The girl ( play / plays / can play ) the guitar.

名 girl
少女

（5）　彼女はギターを弾けます。

She ( play / plays / can play ) the guitar.

（6）　私はサッカーをしません。

I ( am / do / does ) not play soccer.

（7）　トムはサッカーをしません。

Tom ( is / do / does ) not play soccer.

【2】 次の疑問文に対する答えとして正しいものを [_____] から選び、記号
で答えましょう。　　　　　　　　　　　　　　（4点×6）

（1）　Do you study English every day?　　　　[　　　]

（2）　Does the girl play the piano on Sundays?　[　　　]

（3）　Can Sachiko write a letter in English?　　[　　　]

（4）　Do the students play soccer?　　　　　　[　　　]

（5）　Can the boys speak Japanese?　　　　　　[　　　]

（6）　Does Tom like math?　　　　　　　　　　[　　　]

名 Sunday
日曜日

・on Sundays
　毎週日曜日に

動 write
書く

名 letter
手紙

名 math
数学

```
ア　No, they can't.　　イ　No, she doesn't.
ウ　Yes, they do.　　エ　Yes, I do.
オ　Yes, he does.　　カ　Yes, she can.
```

【3】 次の英文を（　　　　）の指示に従って書きかえましょう。（4点×3）

（1）　I study English every day.（主語を he に変えて）

　　　_____

（2）　Tom likes Japan very much.（主語を they に変えて）

副 very much
とても

　　　_____

（3）　Sachiko plays tennis on Sundays.（否定文に）

　　　_____

【4】 日本文と同じ意味にするとき、（　　　）内の英語を並べかえて、正しい英文を作りましょう。文頭は大文字で書きましょう。（4点×4）

（1）　その生徒は上手に英語を話せません。

（ student / speak / can't / English / well / the ）.

_____

（2）　彼女はネコを飼っていますか。

（ have / cats / she / any / does ）?

_____

（3）　トムは電車で図書館に行きません。

（ the / go / library / Tom / by / does / to / train / not ）.

_____

（4）　その少年は英語で手紙を書くことができますか。

（ the / letter / English / a / can / boy / write / in ）?

_____

ー はい、できます。

（ can / yes / , / he ）.

_____

動 have
持っている、
飼っている

形 any
・（疑問文で）
　いくらか

名 library
図書館

前 by
〜によって、
〜の手段で
・by ＋［乗り物］
　［乗り物］で

このとき、
［乗り物］に
冠詞（a, the）は
付きません。

【5】 次の日本文を英文にしましょう。　　　　　　　　（4点×5）

（1） あなたのお母さんはピアニストですか。

_____

名 mother
母親

名 pianist
ピアニスト

（2） 彼女のお母さんは毎日その部屋を掃除します。

_____

動 clean
掃除する

名 room
部屋

（3） その少年たちは毎週金曜日にサッカーをしません。

_____

名 soccer
サッカー

名 Friday
金曜日

・on Fridays
　毎週金曜日に

（4） トムはピアノが弾けません。

_____

（5） その少女は日本語を話しますか。

_____

名 Japanese
日本語

— いいえ、話しません。

_____

## 15. 述語に「た」が付くと —— 過去形

> 私は昨日、サッカーの試合を見ました。
> それはおもしろかったです。

Q. 次の文を、過去を表す文に書きかえます。（　　　　）にあてはまる言葉を答えましょう。

私は毎週日曜日にサッカーの試合を<u>見ます</u>。　　　　それは<u>おもしろいです</u>。

→　私は昨日、サッカーの試合を（　　　　　　　　）。それは（　　　　　　　　）。

A. 見ました、おもしろかったです

---

日本語では、動詞や形容詞などに助動詞「た」を付けると、過去形（過去の動作や状態、様子）を表すことができます。

●動詞の場合

| 動詞 ＋ た | → 過去の動作・状態 |
|---|---|
| 見る　　 ＋ た | → 見た |
| ほほえむ ＋ た | → ほほえんだ |
| 食べる　 ＋ た | → 食べた |

　　私は昨日、サッカーの試合を見ました。

　　メアリーはほほえみました。

　　彼はりんごを食べました。

●形容詞の場合

| 形容詞 ＋ た | → 過去の様子 |
|---|---|
| おもしろい ＋ た | → おもしろかった |

　　それはおもしろかったです。

日本語の過去形では、「ほほえむ＋た→ほほえんだ」「飲む＋た→飲んだ」というように、助動詞「た」が濁って「だ」になることもあります。

I watched a soccer game yesterday.
It was exciting.

★英語で「〜しました」というように、一般動詞の過去形を表すときは、〈一般動詞 + ed〉にします。日本語の動詞の後に「た」を付けるのと似ていますね。

☆一般動詞の過去形の変化

・基本的には一般動詞に ed を付けます。

　I watched a soccer game yesterday.　私は昨日、サッカーの試合を見ました。

・e で終わる動詞は d を付けます。

　Mary smiled.　メアリーはほほえみました。

・子音（a, i, u, e, o 以外）+ y で終わる動詞は、y を i に変えて ed を付けます。

　We studied English.　私たちは英語を勉強しました。

・全くちがう形に変化する不規則変化動詞もあります。　→ p. 140 をチェックしましょう。

　He ate an apple.　彼はりんごを食べました。

日本語でも過去形にすると音が濁るなど変化することがあるように、英語でも不規則変化の動詞があったりするのですね。

★「〜でした」というように、be 動詞の過去形を表すときは be 動詞の形が変わります。

【be 動詞の過去形】

| 現在形 | 過去形 |
|---|---|
| am | was |
| is | |
| are | were |

　It was exciting.　それはおもしろかったです。

これまで学習してきたのは現在形で、今回学んだのは過去形だよ。
現在形、過去形のように時を表す文法のことを「時制」というんだ。

## 基本問題

【1】 日本文と同じ意味にするとき、（　　　　）内の英語のうち正しいものを◯で囲みましょう。

（1） 私は毎週土曜日にサッカーの試合を見ます。

I ( watch / watched ) a soccer game on Saturdays.

名 Saturday
土曜日
・on Saturdays
　毎週土曜日に

（2） 私は昨日、サッカーの試合を見ました。

I ( watch / watched ) a soccer game yesterday.

副 yesterday
昨日

（3） 彼は毎日ピアノの練習をします。

He ( practice / practices / practiced ) the piano every day.

（4） 彼は昨日、ピアノの練習をしました。

He ( practice / practices / practiced ) the piano yesterday.

（5） トムはとても親切でした。

Tom ( is / was / be ) very kind.

（6） その試合はおもしろいです。

The game ( is / was / be ) exciting.

形 exciting
おもしろい、
わくわくする

（7） その本はおもしろかったです。

The book ( is / was / be ) interesting.

形 interesting
おもしろい、
興味深い

（8） その少年は日本食を食べます。

The boy ( eat / eats / ate ) Japanese food.

exciting → 興奮する、わくわく
　　　　するような様子
interesting → 興味深い様子
日本語だと同じ「おもしろい」
でも、ニュアンスが
ちがうんだね。

（9） 彼は日本食を食べました。

He ( eat / ate / ates ) Japanese food.

【2】 日本文と同じ意味にするとき、（　　　）内の英語を並べかえて、正しい英文を作りましょう。文頭は大文字で書きましょう。

（１）　私たちは一緒にランチを食べました。

（ ate / together / we / lunch ）.

_____

（２）　彼女は昨日、英語を勉強しました。

（ she / yesterday / English / studied ）.

_____

（３）　そのお話はとても悲しかったです。

（ sad / story / the / was / very ）.

_____

（４）　その少年は英語を話しました。

（ the / spoke / boy / English ）.

_____

（５）　私は三匹の犬を飼っていました。

（ three / I / had / dogs ）.

_____

副 together
一緒に

名 story
物語、お話
形 sad
悲しい

動 spoke
話した
・speak「話す」
　の過去形

動 had
持っていた、
飼っていた
・have「持っている、
　飼っている」の
　過去形

99

A B C

## 練習問題

【1】 次の英文には誤りがあります。誤りを直して日本文に合う英文に書きかえましょう。

（1） トムはりんごを食べました。

Tom eats an apple.

_____

（2） そのりんごはおいしかったです。

The apple is delicious.

_____

形 delicious
おいしい

（3） 私の母は毎日料理をします。

My mother cooked every day.

_____

動 cook
料理する

（4） 私は昨日、数学を勉強しました。

I study math yesterday.

_____

名 math
数学

（5） サチコは英語を話しました。

Sachiko speaked English.

_____

【2】 次の日本文を英文にしましょう。

（１） トムは日本が好きでした。

_____

（２） その少女はとても親切でした。

_____

名 girl
少女

形 kind
親切な

（３） 私は昨日、そのコンピューターを使いました。

_____

動 use
使う

名 computer
コンピューター

（４） 彼らは熱心に日本語を勉強しました。

_____

名 Japanese
日本語

副 hard
熱心に

（５） 私の兄は昨日、ギターを練習しました。

_____

動 practice
練習する

名 brother
兄・弟

## 16. 過去形の否定文と疑問文

I didn't see the car yesterday.
Did you see the car?

★「～しませんでした」というように、過去の動作・状態を打ち消す一般動詞の否定文にするには、〈主語 + did + not + 動詞の原形～.〉にします。

I did not see the car yesterday.　私は昨日、その車を見ませんでした。
　× did not saw

Tom did not like *sushi.*　トムは寿司が好きではありませんでした。
　　× did not liked
　　did が過去を表すので、動詞は原形にもどす。

did not は didn't に短縮できます。

★「～しましたか」というように、過去の動作・状態をたずねる一般動詞の疑問文にするには、〈Did + 主語 + 動詞の原形～?〉にします。
この疑問文には、〈Yes, 主語 + did.〉あるいは〈No, 主語 + did not.〉で答えます。

Did you see the car?　あなたはその車を見ましたか。

—Yes, I did.　はい、見ました。

—No, I did not.　いいえ、見ませんでした。

現在形では do や does を使いますが、過去形では主語の人称・数に関係なく did を使います。

## The car wasn't red. / Was the car red?

★「〜ではありませんでした」というように、過去の事柄・様子を打ち消す be 動詞の否定文にするには〈主語 + was / were + not〜.〉にします。

The car was not red.　その車は赤ではありませんでした。

The game was not exciting.　その試合はおもしろくありませんでした。

was, were の後にそのまま
not を置くよ。did は使わないんだ。

主語が単数のときは was、複数のときは were になります。
主語が you のときは「あなた（単数）」でも「あなたたち（複数）」でも were になります。
was not は wasn't に、were not は weren't に短縮できます。

★「〜でしたか」というように、過去の事柄・様子をたずねる be 動詞の疑問文にするには、
〈Was / Were + 主語〜?〉にします。
この疑問文には、〈Yes, 主語 + was / were.〉あるいは〈No, 主語 + was not / were not.〉で答えます。

Was the car red?　その車は赤かったですか。

— Yes, it was.　はい、赤かったです。

疑問文に答えるときは
代名詞を使うね。

— No, it was not.　いいえ、赤くありませんでした。

# 基本問題

**【1】** 日本文と同じ意味にするとき、（　　　）内の英語のうち正しいものを○で囲みましょう。

（1）　私たちは毎週日曜日にサッカーの試合を見ません。

We ( don't / didn't ) watch a soccer game on Sundays.

名 Sunday
日曜日

・on Sundays
　毎週日曜日に

（2）　私は昨日、サッカーの試合を見ませんでした。

I ( don't watch / didn't watched / didn't watch ) a soccer game yesterday.

（3）　彼は毎日ピアノの練習をしません。

He ( don't / doesn't / didn't ) practice the piano every day.

（4）　彼は昨日、ピアノの練習をしませんでした。

He ( wasn't / doesn't / didn't ) practice the piano yesterday.

（5）　トムは親切ではありませんでした。

Tom ( did not / was not / is not ) kind.

（6）　その試合はおもしろいですか。

( Do / Is / Be ) the game exciting ?

形 exciting
おもしろい、
わくわくする

（7）　その本はおもしろかったですか。

( Is / Was / Did ) the book interesting ?

形 interesting
おもしろい、
興味深い

（8）　その少年は日本食を食べますか。

( Is / Did / Does ) the boy eat Japanese food ?

（9）　彼は日本食を食べましたか。

( Is / Did / Does ) he eat Japanese food ?

【2】 日本文と同じ意味にするとき、(　　　　)内の英語を並べかえて、正しい英文を作りましょう。文頭は大文字で書きましょう。

（１） その少年は英語を話しませんでした。

( not / the / speak / boy / English / did ).

_____

（２） 私たちは一緒にランチを食べませんでした。

( did / eat / not / together / we / lunch ).

_____

（３） そのお話は悲しくありませんでした。

( sad / story / the / was / not ).

_____

（４） 彼女は昨日、英語を勉強しましたか。

( she / did / yesterday / English / study )?

_____

　―いいえ、しませんでした。

( did / no / , / not / she ).

_____

副 together
一緒に

名 story
物語、お話

形 sad
悲しい

## 練習問題

【1】 次の英文には誤りがあります。誤りを直して日本文に合う英文に書き
かえましょう。

（1） トムはりんごを食べません。

Tom didn't eat apples.

_____

（2） そのりんごは赤くありませんでした。

The apple not was red.

_____

形 red
赤い

（3） あなたのお母さんは毎日料理をしますか。

Did your mother cook every day?

_____

動 cook
料理する

（4） あなたは昨日、数学を勉強しましたか。

Do you study math yesterday?

_____

副 yesterday
昨日

（5） サチコは昨日、そのコンピューターを使いましたか。

Did Sachiko used the computer yesterday?

_____

動 use
使う

【2】 次の日本文を英文にしましょう。

（１） トムは日本が好きではありませんでした。

_____

（２） その少女は背が高くありませんでした。

_____

形 tall
背が高い

名 girl
少女

（３） 私は昨日、そのコンピューターを使いませんでした。

_____

（４） その生徒は英語を熱心に勉強しませんでした。

_____

名 student
生徒

副 hard
熱心に

（５） あなたのお兄さんは昨日、ギターを練習しましたか。

_____

名 brother
兄・弟

動 practice
練習する

― はい、しました。

_____

私は今、英語を勉強しているところです。

Q. 次の文を「今、この瞬間〜している」という表現に変えます。（　　　）にあてはまる言葉を答えましょう。

私は毎日、英語を勉強します。 ➡ 私は今、英語を勉強（　　　　　　　）。

A. しているところです／しています

● 「〜（し）ているところです」は、今進行している動作を表します。

私は今、英語を勉強しているところです。

進行中の動作　　　「〜（し）ているところです」

過去　　　　　　現在　　　　　　未来

ただし、「トムは今、寿司を好んでいるところです。」とは言えません。「好む、好きです」は動作ではなく、状態を表します。

状態を表す言葉は、「〜（し）ているところです」という進行中の表現にすることはできないのです。

● 「〜（し）ます」は、過去から現在、未来へと続く習慣や状態、繰り返しの動作を表します。

トムは寿司が好きです。 ➡ トムが寿司を好む状態が続いていることを表します。

現在の習慣　　　「〜（し）ます」

過去　　　　　　現在　　　　　　未来

「私は毎日、英語を勉強します。」は、私に「英語を勉強する習慣」があることを表します。
「昨日、今日、明日、明後日……」というように、繰り返し英語を勉強していることを表します。

---

日本語の「〜しています」という表現は、進行中の動作、現在の習慣のどちらも表せます。
　【進行中の動作】　私は今、英語を勉強しています（勉強しているところです）。
　【現在の習慣】　　私は毎日、英語を勉強しています（勉強します）。

---

## I am studying English now.

★ 「～しているところです」という今進行している動作を表す文では、〈be 動詞＋一般動詞 ing〉の形にします。この、今進行している動作を表す文を現在進行形といいます。

I am studying English now.　私は今、英語を勉強しているところです。

---

☆ -ing を付けるときの例外
・e で終わる単語は、e を取って -ing
　（例）come ➡ coming
・ie で終わる単語は、ie を y に変えて -ing
　（例）die ➡ dying
・強く短く読む母音＋一つの子音で終わる単語は、子音を一つ増やして -ing
　（例）run ➡ running　　put ➡ putting

---

「like（好きです）」のような状態を表す動詞は現在進行形にすることができません。
○ Tom likes *sushi*.　　× Tom is liking *sushi*.

---

☆現在進行形の動詞の数は？
　一つの英文の中に動詞は一つのはずなのに、なぜ現在進行形では be 動詞と一般動詞の二つの動詞を一緒に使えるのでしょうか。
　それは、一般動詞に ing を付けると動詞ではなくなり、形容詞の扱いになるからです。

　・study（勉強する）　　　　　➡　動詞
　・studying（勉強している状態）➡　様子を表す形容詞

　形容詞は be 動詞と一緒に使われるのでしたね。
　だから、現在進行形も〈be 動詞＋一般動詞 ing〉という形になるのです。

---

「～します」という現在の習慣や状態を表す文は、一般動詞の現在形で表しましたね。
I study English every day.　私は毎日英語を勉強します。

英語は進行中の動作→現在進行形、現在の習慣→現在形というように、はっきりと時制を区別します。

# 基本問題

【1】 日本文と同じ意味にするとき、（　　　）内の英語のうち正しいものを○で囲みましょう。

（1）　私はテニスをします。

I ( am playing / playing / play ) tennis.

（2）　私はテニスをしているところです。

I ( am playing / playing / play ) tennis.

（3）　彼女は毎週日曜日にピアノを弾きます。

She ( play / plays / is playing ) the piano on Sundays.

名 Sunday
日曜日
・on Sundays
　毎週日曜日に

（4）　彼女は今、ピアノを弾いているところです。

She ( play / plays / is playing ) the piano now.

（5）　その少年たちは毎日英語を勉強します。

The boys ( is studying / study / studies ) English every day.

動 study
勉強する

（6）　サチコは毎週土曜日にテレビを見ます。

Sachiko ( is watching / watch / watches ) TV on Saturdays.

動 watch
見る
名 Saturday
土曜日
・on Saturdays
　毎週土曜日に
・

（7）　サチコは今、テレビを見ているところです。

Sachiko ( is watching / watch / watches ) TV now.

（8）　私の父は今、そのコンピューターを使っているところです。

My father ( using / is using / uses ) the computer now.

動 use
使う

（9）　私の父は毎日、そのコンピューターを使います。

My father ( using / is using / uses ) the computer every day.

【2】 日本文と同じ意味にするとき、（　　　）内の英語を並べかえて、正しい英文を作りましょう。文頭は大文字で書きましょう。

（1）　メアリーは放課後テニスをします。

( after / tennis / school / plays / Mary ).

副 after school
放課後

_____

（2）　トムは今、テニスをしているところです。

( now / is / tennis / Tom / playing ).

英語では now（今）は
文末に置かれるよ。

_____

（3）　私たちは今、英語を勉強しているところです。

( we / English / studying / now / are ).

_____

（4）　サチコは今、ピアノを練習しているところです。

( now / is / piano / practicing / the / Sachiko ).

動 practice
練習する

_____

（5）　その少年たちは公園でサッカーをしているところです。

( park / are / the / playing / in / the / boys / soccer ).

名 park
公園

_____

# 練習問題

**【1】** 次の英文には誤りがあります。誤りを直して日本文に合う英文に書きかえましょう。

（1） 私は毎日サッカーをします。

I am playing soccer every day.

_____

（2） 私はコップ一杯の水がほしいです。

I am wanting a glass of water.

名 glass
コップ
・a glass of〜
　コップ一杯の〜

動 want
ほしい

> want は現在進行形にすることができません。

_____

（3） 彼らはその部屋を掃除しているところです。

They cleaning the room.

動 clean
掃除する

_____

（4） その生徒は数学を勉強しているところです。

The student is study math.

名 math
数学

名 student
生徒

_____

（5） 私の父は今、料理をしているところです。

My father cooks now.

名 father
父親

_____

【2】 次の日本文を英文にしましょう。

（１） その少女は公園でテニスをしているところです。

_____

（２） トムは毎日日本語を勉強します。

_____

（３） トムは今、日本語を勉強しているところです。

_____

（４） 私は新しいコンピューターがほしいです。

_____

（５） 私の弟たちは今、テレビを見ているところです。

_____

名 girl
少女

名 park
公園

前 in
～（の中）で

名 Japanese
日本語

形 new
新しい

名 computer
コンピューター

名 brother
兄・弟

## 18. 現在進行形の否定文と疑問文

> Mary is not playing the piano now.
> Is Mary playing the piano now?

★「〜しているところではありません」というように、現在進行形の否定文にするには、
〈主語 ＋ be 動詞（am, are, is）＋ not ＋ 一般動詞 ing〜.〉にします。

Mary is not playing the piano now.
メアリーは今、ピアノを弾いているところではありません。

is not → isn't に短縮できます。

not は、be 動詞と一般動詞 ing の間に置きます。
一般動詞 ing は形容詞と同じように扱われるので、be 動詞の否定文と同じように考えます。

| Mary | is | not | playing | the piano now. |
| The car | is | not | red. | |
| 主語 | be 動詞 | | 形容詞 | |

★「〜しているところですか」というように、現在進行形の疑問文にするには
〈be 動詞（Am, Are, Is）＋ 主語 ＋ 一般動詞 ing〜?〉にします。
この疑問文には、〈Yes, 主語 ＋ be 動詞（am, are, is）.〉あるいは〈No, 主語 ＋ be 動詞（am, are, is）＋ not.〉で答えます。

Is Mary playing the piano now?　メアリーは今、ピアノを弾いているところですか。

— Yes, she is.　はい、弾いているところです。
— No, she is not (isn't).　いいえ、弾いているところではありません。
　　　└▶ = Mary

> 答えるときは一般動詞 ing はいらないよ。

一般動詞 ing は形容詞と同じように扱われるので、be 動詞の疑問文と同じように考えます。

| Is | Mary | playing | the piano? |
| Is | the car | red? | |
| be 動詞 | 主語 | 形容詞 | |

## 基本問題

【1】 日本文と同じ意味にするとき、（　　　）内の英語のうち正しいものを〇で囲みましょう。

（1）　私はテニスをしません。

I ( am not / do not / does not ) play tennis.

（2）　私はテニスをしているところではありません。

I ( am not / do not / does not ) playing tennis.

（3）　彼女は毎週月曜日にピアノを弾きません。

She ( don't / doesn't / isn't ) play the piano on Mondays.

名 Monday
月曜日
・on Mondays
　毎週月曜日に

（4）　彼女は今、ピアノを弾いているところではありません。

She ( don't / doesn't / isn't ) playing the piano now.

（5）　あなたは毎日英語を勉強しますか。

( Do / Are ) you study English every day?

動 study
勉強する

— はい、します。

Yes, I ( am / do ).

（6）　サチコは先週の日曜日にテレビを見ましたか。

( Is / Does / Did ) Sachiko watch TV last Sunday?

動 watch
見る
形 last
この前の

— いいえ、見ませんでした。

No, she ( isn't / doesn't / didn't ).

（7）　サチコは今、テレビを見ているところですか。

( Is / Does / Did ) Sachiko watching TV now?

— はい、そうです。

Yes, she ( is / does / did ).

【2】 日本文と同じ意味にするとき、（　　　）内の英語を並べかえて、正しい英文を作りましょう。文頭は大文字で書きましょう。

（１）　メアリーは放課後テニスをしません。

( does / after / tennis / school / play / not / Mary ).

副 after school
放課後

_____

（２）　トムは今、テニスをしているところではありません。

( now / is / tennis / Tom / playing / not ).

_____

（３）　あなたは今、英語を勉強しているところですか。

( you / English / studying / now / are )?

_____

— はい、そうです。

( am / yes / , / I ).

_____

（４）　サチコは今、ピアノを練習しているところではありません。

( now / is / piano / practicing / the / Sachiko / not ).

動 practice
練習する

_____

## 練習問題

【Ⅰ】 次の日本文を英文にしましょう。

（１） 私は今、英語を勉強しているところではありません。

_____

（２） トムは毎日日本語を勉強しません。

_____

名 Japanese
日本語

（３） その少年は昨日、テニスをしませんでした。

_____

名 boy
少年

副 yesterday
昨日

（４） 彼らは今、テニスをしているところですか。

_____

　　　 ― はい、そうです。

_____

【１】 日本文と同じ意味にするとき、(　　　　) 内の英語のうち正しいもの
を〇で囲みましょう。　　　　　　　　　　　　　　(3点×9)

(1) 彼女は毎日ピアノの練習をします。

She ( practice / practices / practiced ) the piano every day.

(2) 彼女は昨日、ピアノの練習をしました。

She ( practice / practices / practiced ) the piano yesterday.

(3) トムは今、ギターを弾いているところではありません。

Tom ( don't / doesn't / isn't ) playing the guitar now.

(4) 私は毎週日曜日にテニスの試合を見ます。

I ( watch / watched ) a tennis game on Sundays.

(5) 私は昨日、テニスの試合を見ました。

I ( watch / watched ) a tennis game yesterday.

(6) 私は昨日、テニスの試合を見ませんでした。

I ( am not / don't / didn't ) watch a tennis game yesterday.

(7) その映画はおもしろいです。

The movie ( is / was / be ) exciting.

(8) その本はおもしろくありませんでした。

The book ( didn't / isn't / wasn't ) interesting.

(9) サチコは今、映画を見ているところですか。

( Is / Does / Did ) Sachiko watching a movie now?

― はい、そうです。

Yes, she ( is / does / did ).

動 practice
練習する

名 game
試合
動 watch
見る

形 exiting
わくわくする、
おもしろい

形 interesting
興味深い、
おもしろい

【2】 次の疑問文に対する答えとして正しいものを └┈┈┈┘ から選び、記号で答えましょう。　　　　　　　　　　　（3点×6）

（1）　Did you watch the game？　　　　　　　　　[　　　]

（2）　Do you play tennis on Sundays？　　　　　　[　　　]

（3）　Are you running in the park now？　　　　　[　　　]

（4）　Does he study English every day？　　　　　[　　　]

（5）　Is Tom studying math？　　　　　　　　　　[　　　]

（6）　Can Tom eat Japanese food？　　　　　　　　[　　　]

> ア　Yes, he does.　　イ　Yes, I am.
> ウ　Yes, I did.　　　エ　No, he isn't.
> オ　Yes, he can.　　カ　No, I don't.

名 park
公園

名 math
数学

形 Japanese
日本の

・Japanese food
　日本食、和食

【3】 次の英文を（　　　　）の指示に従って書きかえましょう。（5点×4）

（1）　His mother is very kind.（過去形に）

_____

名 mother
母親

形 kind
親切な

（2）　Sachiko plays the piano.（文末に now を付けて）

_____

（3）　I study English very hard.（文末に yesterday を付けて）

_____

副 hard
熱心に

（4） Tom is watching TV. （文末に every day を付けて）

＿＿＿＿＿＿＿＿＿＿＿＿＿＿＿＿＿＿＿＿＿＿＿＿＿＿

【4】 日本文と同じ意味にするとき、（　　　　）内の英語を並べかえて、正しい英文を作りましょう。文頭は大文字で書きましょう。　（3点×5）

（1） メアリーは放課後テニスをしません。

（ does / after / tennis / school / play / not / Mary ）.

副 after school
放課後

＿＿＿＿＿＿＿＿＿＿＿＿＿＿＿＿＿＿＿＿＿＿＿＿＿＿

（2） 彼女は昨日、数学を勉強しました。

（ she / yesterday / math / studied ）.

＿＿＿＿＿＿＿＿＿＿＿＿＿＿＿＿＿＿＿＿＿＿＿＿＿＿

（3） その少女はとても悲しかったです。

（ sad / girl / the / was / very ）.

形 sad
悲しい

＿＿＿＿＿＿＿＿＿＿＿＿＿＿＿＿＿＿＿＿＿＿＿＿＿＿

（4） トムは今、野球をしているところではありません。

（ now / is / baseball / Tom / playing / not ）.

＿＿＿＿＿＿＿＿＿＿＿＿＿＿＿＿＿＿＿＿＿＿＿＿＿＿

（5） その少年たちは今、サッカーの試合を見ているところですか。

（ the / now / boys / are / game / watching / soccer / the ）?

＿＿＿＿＿＿＿＿＿＿＿＿＿＿＿＿＿＿＿＿＿＿＿＿＿＿

【5】 次の日本文を英文にしましょう。 （5点×4）

（1） 私たちは今、数学を勉強しているところではありません。

_____

（2） トムは日本語を話しません。

_____

名 Japanese
日本語
動 speak
話す

（3） 彼の父親は親切でしたか。

_____

名 father
父親

― はい、親切でした。

_____

（4） その少年は昨日、テニスをしましたか。

_____

名 boy
少年

― いいえ、しませんでした。

_____

# 19. 過去のある瞬間に進行中だった動作 —— 過去進行形

## 私はそのとき、英語を勉強しているところでした。

Q．次の（　　　）にあてはまる言葉を答えましょう。

私は昨日、英語を勉強しました。　➡　私はそのとき、英語を勉強（　　　　　　）。

<u>A．しているところでした</u>

「そのとき」は、「過去のある瞬間」を表す言葉です。

だから、問いの文も「過去のある瞬間に進行中だった動作」にする必要がありますね。

●過去のある瞬間に進行中だった動作を表すとき：「～（し）ているところでした」

| ～（し）ているところでした　➡　過去のある瞬間に進行中だった動作 |
| --- |

「～（し）ているところでした」

私はそのとき、<u>勉強しているところでした</u>。

過去　　　現在　　　未来

「トムは、寿司を好んでいるところでした。」という文はおかしいですね。

「好きです」は動作ではなく、状態を表しているからです。

●過去の動作や状態を表すとき：「～（し）ました」

| ～（し）ました　➡　過去の動作や状態 |
| --- |

「～（し）ました」

過去　　　現在　　　未来

私は昨日、英語を<u>勉強しました</u>。

トムは寿司が好き<u>でした</u>。

日本語の「～していました」という表現は、過去のある瞬間に進行中だった動作、過去の動作や状態のどちらも表すことができます。「そのとき」や「昨日」など副詞を付けることで、時を細かく表すことができます。

【過去のある瞬間に進行中だった動作】　私はそのとき、英語を勉強していました。
　　　　　　　　　　　　　　　　　　　　　（勉強しているところでした）

【過去の動作・習慣】　　　　　　　　私は昨日、英語を勉強していました（勉強しました）。

## I was studying English at that time.

★過去のある瞬間に進行中だった動作を表す「～しているところでした」は、
〈be 動詞の過去形（was, were）＋一般動詞 ing〉で表します。これを過去進行形といいます。

I was studying English at that time.　私はそのとき、英語を勉強しているところでした。
　　　　　　　　　　　　そのとき

過去進行形は、現在進行形の be 動詞を過去形に
変えるだけで一般動詞 ing の形は変えません。

am, is の過去形 → was
are の過去形 → were

おさらい

☆一般動詞の過去形「～しました」は、〈一般動詞 + ed〉でしたね。

I studied English yesterday.　私は昨日、英語を勉強しました。
　　study（勉強する）の過去形 → studied（y を i に変えて ed）
Tom liked *sushi*.　トムは寿司が好きでした。
　　like（好む、好きです）→ liked（e で終わるので d のみ付ける）

☆現在進行形「～しているところです」は、〈be 動詞の現在形（am, are, is）＋一般動詞 ing〉
でしたね。

I am studying English now.　私は今、英語を勉強しているところです。

---

英語の場合、「現在進行形／現在形」「過去進行形／過去形」というように、進行形かそうで
ないかをはっきりと区別します。
　【過去のある瞬間に進行中だった動作】　I was studying English at that time.（過去進行形）
　【過去の動作・習慣】　　　　　　　　　I studied English yesterday.（過去形）

---

日本語を英訳するときは、文の内容をきちんと理解して、どの時制を使うのかを判断することが
大切です。

## 基本問題

【1】 日本文と同じ意味にするとき、（　　　）内の英語のうち正しいものを〇で囲みましょう。

（1） 私は昨日、テニスをしました。

I ( am playing / plays / played ) tennis yesterday.

（2） 私は今、テニスをしているところです。

I ( am playing / play / played ) tennis now.

（3） 私はそのとき、テニスをしていました。

I ( am playing / played / was playing ) tennis at that time.

副 at that time
（= then）
そのとき

（4） 私は毎日テニスをします。

I ( am playing / play / was playing ) tennis every day.

（5） 彼女はそのとき、テレビを見ているところでした。

She ( is watching / watched / was watching ) TV at that time.

（6） 彼女は毎日テレビを見ます。

She ( watch / watches / is watching ) TV every day.

（7） その生徒たちはそのとき、英語を勉強していました。

The students ( was studying / were studying / studied ) English at that time.

> 現在形、現在進行形、過去形、過去進行形のうち、
> どの時制になるか、時を表す副詞に着目して考えてみよう！

【2】 日本文と同じ意味にするとき、（　　　　）内の英語を並べかえて、正しい英文を作りましょう。文頭は大文字で書きましょう。

（1）　私はそのとき、ピアノを練習しているところでした。

（ at / piano / practicing / time / was / the / that / I ）.

動 practice
練習する

_____

（2）　彼らは毎日走ります。

（ they / every / run / day ）.

_____

（3）　そのとき、トムは公園で走っているところでした。

（ running / park / at / was/ in / that / the / time / Tom ）.

名 park
公園

前 in
〜（の中）で

_____

（4）　トムは昨日公園で走りました。

（ ran / yesterday / Tom / park / the / in ）.

動 ran
run「走る」の
過去形

_____

（5）　サチコはそのとき、テレビを見ていました。

（ time / TV / was / Sachiko / watching / that / at ）.

_____

場所を表す副詞→時を表す副詞
という語順になるよ。

## 練習問題

【１】　次の英文には誤りがあります。誤りを直して日本文に合う英文に書き
かえましょう。

（１）　私は昨日、サッカーをしました。

I was playing soccer yesterday.

_____

（２）　サチコは今、ピアノを練習しているところです。

Sachiko was practicing the piano now.

_____

（３）　トムはそのとき、テレビを見ていました。

Tom watched TV then.

_____

副 then
(= at that time)
そのとき

（４）　その少年は彼女のことが好きでした。

The boy was liking her.

_____

> like「好きです」は状態を表す動詞なので、
> 進行形にすることはできなかったね。

【2】　次の日本文を英文にしましょう。

（１）　私はネコを一匹飼っていました。

_____

（２）　そのとき、サチコはピアノを弾いているところでした。

_____

（３）　トムはテニスが好きでした。

_____

（４）　その少年はそのとき、サッカーをしていました。

_____

（５）　私たちはそのとき、テレビを見ていました。

_____

## 20. 過去進行形の否定文と疑問文

> Tom wasn't eating lunch at that time.
> Was Tom eating lunch at that time?

★「～しているところではありませんでした」というように、過去進行形の否定文にするには、〈主語 + be動詞の過去形（was, were）+ not + 一般動詞 ing～.〉にします。

Tom was not eating lunch at that time.
トムはそのとき、昼食を食べているところではありませんでした。

was not は wasn't に、were not は weren't に短縮できます。

★「～しているところでしたか」というように、過去進行形の疑問文にするには、〈be動詞の過去形（Was, Were）+主語 + 一般動詞 ing～?〉にします。
この疑問文には、〈Yes, 主語 + was/were.〉あるいは〈No, 主語 + was/were + not.〉で答えます。

Was Tom eating lunch at that time?　トムはそのとき、昼食を食べているところでしたか。

— Yes, he was.　はい、そうです。
— No, he was not.　いいえ、ちがいます。
　　└▶ = Tom

答えの文には、次の（　　　）が省略されています。
Yes, he was (eating lunch at that time).
No, he was not (eating lunch at that time).

> be動詞が過去形になるだけで、現在進行形の否定文・疑問文と作り方は同じだね。

日本語の「（昨日電話かけたとき、）何してた。」は、英語では進行形を使って「What were you doing?」となります。
日本語の文を英語に訳すときは、日本語を解釈して「英語ではどの時制（現在形、過去形、進行形）にあたるかな。」と考えることが大切です。

## 基本問題

【1】 日本文と同じ意味にするとき、（　　　）内の英語のうち正しいものを〇で囲みましょう。

（1） 私は昨日、テニスをしませんでした。

I ( wasn't playing / didn't play ) tennis yesterday.

（2） 私は今、テニスをしているところではありません。

I ( am not playing / wasn't playing ) tennis now.

（3） 私はそのとき、テニスをしているところではありませんでした。

I ( didn't playing / wasn't playing ) tennis then.

副 then
そのとき

（4） 私は毎日テニスをしません。

I ( wasn't playing / don't play ) tennis every day.

（5） 彼女はそのとき、テレビを見ているところではありませんでした。

She ( didn't watch / wasn't watching ) TV at that time.

動 watch
見る

（6） 彼女は毎日テレビを見ません。

She ( doesn't / isn't / wasn't ) watch TV every day.

（7） その生徒たちはそのとき、英語を勉強していましたか。

( Was / Were / Did ) the students studying English
at that time ?

名 student
生徒

動 study
勉強する

― はい、そうです。
Yes, they ( were / was / did ).

【2】 日本文と同じ意味にするとき、（　　　）内の英語を並べかえて、正しい英文を作りましょう。文頭は大文字で書きましょう。

（1）　私はそのとき、ピアノを練習しているところではありませんでした。

( not /at / piano / practicing / time / was / the / that / I ).

_____

動 practice
練習する

副 at that time
（＝ then）
そのとき

（2）　私の母はそのとき、部屋を掃除しているところではありませんでした。

( cleaning / the / mother / room / at / my / time / that / wasn't ).

_____

動 clean
掃除する

（3）　そのとき、トムは公園で走っているところではありませんでした。

( running / park / not / at / was/ in / that / the / time / Tom ).

_____

名 park
公園

前 in
～（の中）で

（4）　サチコはそのとき、テレビを見ていましたか。

( time / TV / was / Sachiko / watching / that / at )?

_____

　―いいえ、見ていませんでした。

( was / not / she / , / no ).

_____

## 練習問題

【Ⅰ】 次の日本文を英文にしましょう。

（１） そのとき、サチコはピアノを弾いているところではありませんでした。

_____

（２） トムは三年前、その少女のことが好きでした。

_____

（３） その少年はそのとき、サッカーをしていましたか。

_____

　　　　— はい、していました。

_____

（４） 私たちはそのとき、テレビを見ていませんでした。

_____

（５） 彼女はそのとき、何をしているところでしたか。

_____

131

## 21. 存在を表す表現 —— There is/are 構文

> 机の上に本があります。
> 部屋の中にネコがいます。

Q．次の（　　）には「あります」と「います」どちらがあてはまりますか。

① 机の上に本が（　　　　　　）。

② 部屋の中にネコが（　　　　　　）。

<u>A．① あります　　② います</u>

●存在を表すとき、物には「あります」、人や動物には「います」を使います。

机の上に 本 があります。

部屋の中に ネコ がいます。

●聞き手が知らない情報か知っている情報かは、助詞の「が」と「は」で区別します。

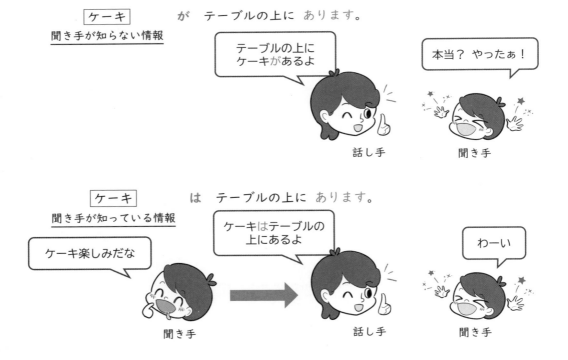

ケーキ が テーブルの上に あります。
聞き手が知らない情報

テーブルの上に
ケーキがあるよ

本当？ やったぁ！

話し手　　　　　聞き手

ケーキ は テーブルの上に あります。
聞き手が知っている情報

ケーキ楽しみだな

ケーキはテーブルの
上にあるよ

わーい

聞き手　　　　　話し手　　　　　聞き手

ケーキ が聞き手が知らない情報の場合、「テーブルの上に ケーキ があります。」というように、「テーブルの上に」を先に言う方が自然ですね。

> There is **a book on the desk.**
> There are **cats in the room.**

★英語で物、人、動物の存在を表すときは、〈There is/are ＋ 主語 ～.〉を使います。

There is | a book | on the desk.　机の上に本があります。
There are | cats | in the room.　部屋の中にはネコがいます。

> 主語が複数形のとき、
> be 動詞は are になります。

> この there には特に意味がないので、
> 「そこ」などと訳さないようにしよう。

☆〈There is/are ＋ 主語 ～.〉という表現は、主語が聞き手が知らない情報にしか使えません。

・聞き手が知らない情報 a cake （ケーキ）が主語の場合
　〇 There is | a cake | on the table.　ケーキがテーブルの上にあります。
　△ A cake | is on the table.
　　　主語 a cake は、〈There is〉に続く方が自然な表現になります。

・聞き手が知っている情報 the cake （ケーキ）が主語の場合、〈There is ＋ 主語 〉ではなく、
〈 主語 ＋ be 動詞〉という形になります。
　〇 The cake | is on the table.　（その）ケーキはテーブルの上にあります。
　✕ There is | the cake | on the table.

----

聞き手が知っている方の cake に the が付くのは、
聞き手が知っている特定のものだからです。

a と the のちがいは p.9 でふり返りましょう。

----

日本語でも英語でも、聞き手が知らない情報である ケーキ は文の途中で使う方が自然な表現です。
「テーブルの上に ケーキ があります。」 "There is a cake on the table."

# 基本問題

【1】 日本文と同じ意味にするとき、（　　　　）内の英語のうち正しいものを○で囲みましょう。

（1） いすの上にかばんがあります。

There ( be / is ) a bag on the chair.

（2） 箱の中にボールがあります。

There ( is / are ) a ball in the box.

（3） いすの下に鳥が何羽かいます。

There ( is / are ) some birds under the chair.

（4） 部屋の中にネコがいます。

There ( is / are ) a cat in the room.

（5） そのネコは机の上にいます。

( The cat is / There is the cat ) on the desk.

（6） かばんの中に本があります。

There ( is / are ) books in the bag.

（7） 机の上に手紙があります。

There ( is / are ) a letter on the desk.

（8） その手紙はかばんの中にあります。

( There is the letter / The letter is ) in the bag.

（9） そのパソコンは部屋の中にあります。

( They are the computers / There are computers /
The computers are ) in the room.

前 on
〜の上に

名 chair
いす

名 ball
ボール

名 box
箱

形 some
いくつかの、
2〜3の

名 bird
鳥

前 under
〜の下に

名 room
部屋

名 desk
机

名 letter
手紙

# 練習問題

【Ⅰ】　次の日本文を英文にしましょう。

（１）　そのいすの下に一匹のネコがいます。

_____

（２）　この家には三匹の犬がいます。

_____

名 house
家
前 in
〜（の中）に

（３）　机の上に一通の手紙があります。

_____

（４）　そのペンは私のかばんの中にあります。

名 bag
かばん

_____

（５）　その本は部屋の中にあります。

_____

> 「机」は事務、勉強、作業用で、英語では desk だよ。
> 「テーブル」は主に食事のときに使い、英語では table だよ。

【1】 日本文と同じ意味にするとき、(　　　　)内の英語のうち正しいもの
を○で囲みましょう。　　　　　　　　　　　　　　　(3点×8)

(1) サチコは昨日、テニスをしました。

Sachiko ( is playing / plays / played ) tennis yesterday.

(2) 私は今、テレビを見ているところです。

I ( am watching / watch / watched ) TV now.

(3) 私はそのとき、テレビを見ていました。

I ( am watching / watched / was watching ) TV at that time.

(4) 彼女は毎日テニスをします。

She ( is playing / plays / was playing ) tennis every day.

(5) 部屋には一羽の鳥がいます。

There ( be / is / are ) a bird in the room.

(6) いすの上に本があります。

There ( is / were / was ) a book on the chair.

(7) 私の母はそのとき、部屋を掃除しているところではありませんでした。

My mother ( is cleaning / didn't clean / wasn't cleaning )
the room at that time.

(8) 彼は昨夜、部屋を掃除しましたか。

( Did he clean / Did he cleaned / Was he cleaning ) the
room last night?

― はい、しました。

Yes, ( did he / he did / he was ).

名 chair
いす

名 mother
母親

動 clean
掃除する

副 at that time
(＝ then)
そのとき

副 last night
昨夜

【2】 次の疑問文に対する答えとして正しいものを[ ]から選び、記号
で答えましょう。　　　　　　　　　　　　　　　　　　（3点×6）

（1） Was Tom studying Japanese at that time？　　[　　　]

（2） Did Tom play the guitar last night？　　　　　[　　　]

（3） Are you cleaning the room now？　　　　　　　[　　　]

（4） Do the students play soccer？　　　　　　　　[　　　]

（5） Were you watching TV at that time？　　　　　[　　　]

動 watch
見る

（6） Is Sachiko reading the book now？　　　　　　[　　　]

動 read
読む

```
ア  Yes, she is.      イ  No, they don't.
ウ  Yes, I am.       エ  No, I wasn't.
オ  Yes, he was.     カ  No, he didn't.
```

【3】 次の英文を（　　　）の指示に従って書きかえましょう。（4点×3）

（1） Tom studied math yesterday.（否定文に）

名 math
数学

_____

（2） I don't play the piano.（文末に at that time を付けて）

_____

（3） Does he eat sandwiches？（文末に yesterday を付けて）

名 sandwich
サンドウィッチ

_____

【4】 日本文と同じ意味にするとき、（　　　　）内の英語を並べかえて、正しい英文を作りましょう。文頭は大文字で書きましょう。

（１）　そのとき、その少年たちは公園で走っているところでした。　　（４点）

( the / running / park / at / were / in / that / the / time / boys ).

動 run
走る

名 park
公園

前 in
～（の中）で

_____

（２）　机の上に一本の鉛筆があります。　　（４点）

( a / desk / is / pencil / there / on / the ).

名 pencil
鉛筆

名 desk
机

_____

（３）　その少女は今、ピアノを練習しているところです。　　（４点）

( piano / practicing / the / now / is / the / girl ).

名 girl
少女

_____

（４）　その生徒はそのとき、英語を勉強しているところでしたか。　　（５点）

( at / the / studying / student / was / that / English / time )?

_____

―いいえ、ちがいます。

( he / no / not/ , / was ).

_____

（５）　いすの下に二匹のネコがいます。　　（４点）

( two / under / the / cats / chair / are / there ).

前 under
～の下に

名 chair
いす

_____

【5】　次の日本文を英文にしましょう。　　　　　　　　（5点×5）

（1）　その箱の中にはボールが一つ入っています。

_____

名 ball
ボール

名 box
箱

（2）　あなたは昨日、英語を勉強しましたか。

_____

副 yesterday
昨日

（3）　私はそのとき、テニスをしているところではありませんでした。

_____

（4）　机の上に二冊の本があります。

_____

前 on
〜の上に

（5）　彼はそのとき、何をしているところでしたか。

_____

動 do
する

【5】（1）箱の中にボールが入っている。
＝箱の中にボールがある。
ということだね！

不規則な変化をする動詞の活用表

| 意味 | 原形 | 過去形 |
|---|---|---|
| ～である | be（am / are / is） | was / were |
| 壊す | break | broke |
| 買う | buy | bought |
| つかまえる | catch | caught |
| 来る | come | came |
| 切る | cut | cut |
| する | do | did |
| 描く | draw | drew |
| 飲む | drink | drank |
| 食べる | eat | ate |
| 感じる | feel | felt |
| 見つける | find | found |
| 飛ぶ | fly | flew |
| 得る | get | got |
| 行く | go | went |
| 成長する | grow | grew |
| 持っている | have | had |
| 聞く | hear | heard |
| 持つ | hold | held |
| 保つ | keep | kept |
| 知っている | know | knew |
| 作る | make | made |
| 意味する | mean | meant |
| 会う | meet | met |
| 置く | put | put |

| 意味 | 原形 | 過去形 |
|---|---|---|
| 読む | read | read |
| 乗る | ride | rode |
| 走る | run | ran |
| 言う | say | said |
| 見る | see | saw |
| 歌う | sing | sang |
| 座る | sit | sat |
| 眠る | sleep | slept |
| 話す | speak | spoke |
| 立つ | stand | stood |
| 泳ぐ | swim | swam |
| とる | take | took |
| 教える | teach | taught |
| 話す | tell | told |
| 身に付けている | wear | wore |
| 勝つ | win | won |
| 書く | write | wrote |

他にもたくさんあります。ここでは主なものを紹介しています。

cut, read, put のように、原形と過去形が同じ形のものもあるよ。
read の場合、形は同じだけど読み方が変わるんだ。
原形の read 〔ríːd〕 → 過去形の read 〔réd〕

## 巻末資料② 前置詞

### at
① ［場所、時間の一点］　at school「学校で」　at 3 o'clock「三時に」
② ［対象］　　　　　　look at me「私を見る」

一点

### in
① ［場所］　　　　　　in Tokyo「東京で」
② ［年、月、季節］　in April「四月に」　in the summer「夏に」
in は at よりも広い範囲を表します。

内部

### on
① ［接触］　　　　　on the table「テーブルの上に」
② ［曜日、日付］　on Friday「金曜日に」　on May 5th「五月五日に」

接触

### with
［共同、付帯］　talk with him「彼と一緒に話す」
　　　　　　　a boy with blue eyes「青い目の少年」
「青い目と一緒の少年」＝「青い目を持った少年」という意味になります。

お供

### from
［場所、時間などの起点］　from Osaka「大阪から」
　　　　　　　　　　　　from Monday「月曜日から」

起点

### to
① ［場所、時間などの到達点］　from Osaka to Tokyo「大阪から東京まで」
② ［対象］　　　　　　　　　teach to him「彼に教える」

到達点

### for
① ［方向、時間］　the train for Shibuya「渋谷行きの電車」
　　　　　　　　for a week「一週間」
② ［対象、利益］　buy for her「彼女のために買う」

向かう

to は動作の受け手が必要な動詞、for は動作の受け手が不要な動詞に対して使います。
「teach 教える」は相手がいないとできない動作なので、「teach（物）to 人」となります。
「buy 買う」は一人でもできる動作なので、「buy（物）for 人」となります。

# 解答

## P. 10-11

### 基本問題【1】

（1） a （2） the （3） a （4） the （5） an

（6） the （7） the （8） the （9） the （10） the

### 基本問題【2】

（1） an orange （2） a dog （3） the dog

（4） a student （5） an apple

## P. 14-15

### 基本問題【1】

（1） ○ （2） × （3） ○

（4） × （5） × （6） ×

### 基本問題【2】

（1） student （2） students （3） apple

（4） apples （5） buses （6） water

### 基本問題【3】

（1） × （2） × （3） ×

## P. 18-19

### 基本問題【1】

（1） I （2） my （3） her （4） hers （5） you

（6） your （7） we （8） our （9） them （10） theirs

### 基本問題【2】

（1） they （2） she （3） it （4） him

（5） his name （6） their book あるいは their books

## P. 22-25

### 基本問題【1】

（1） am （2） are （3） are （4） are （5） is

（6） is （7） is （8） are （9） is （10） is

基本問題【2】

（1） He is Tom.

（2） You are kind.

（3） That is an apple.

（4） I am a pianist.

（5） They are teachers.

練習問題【1】

（1） I am a student.

（2） He is young.

（3） This is an apple.

（4） You are tall.

（5） They are books.

練習問題【2】

（1） We are young.

（2） She is a teacher.

（3） That is a book.

（4） They are pens.

（5） They are kind.


## P. 28-31

基本問題【1】

（1） is not

（2） am not

（3） Is he − he is

（4） Is she − she isn't

（5） are not

（6） Are they − they aren't

基本問題【2】

（1） This is not a rose.

（2） We are not teachers.

（3） Is she kind?　— Yes, she is.

（4） Is he young？　— No. he is not.

（5） I am not tall.

練習問題【1】

（1） This is not[isn't] an apple.

（2） Is he tall? — No, he is not[isn't].

（3） They are not[aren't] teachers.

（4） Are they kind? — Yes, they are.

練習問題【2】

（1） You are not[aren't] a student.

（2） Is she tall? — No, she is not[isn't].

（3） We are not[aren't] students.

（4） They are not[aren't] apples.

（5） Are you a soccer fan? — Yes, I am.


## P. 32-35 まとめのテスト①

【1】

| （1） my | （2） a | （3） the |
| （4） pens | （5） his | （6） water |
| （7） is | （8） are | （9） is | （10） is |

【2】

| （1） ウ | （2） オ | （3） カ |
| （4） ア | （5） エ | （6） イ |

【3】

（1） I am not a student.

（2） We are students.

（3） Are you a teacher?

（4） This is my book. あるいは This book is mine.

【4】

（1） This is not my book.

（2） That is his bicycle.

（3） I am not a teacher.

（4） This bag is his.

（5） They are not Japanese.

【5】

（1） That is not[isn't] my pen.

（2） They are roses.

（3） The man is not[isn't] my teacher.

（4） Her mother is kind.

（5） Is that your school?　—No, it is not[isn't].


**P. 38-41**

基本問題【1】

（1）　eat　　　　（2）　are　　　　（3）　play　　　　（4）　is

（5）　run　　　　（6）　am　　　　（7）　have

基本問題【2】

（1） I like him.

（2） You run every day.

（3） We play tennis.

（4） They study English.

（5） I play the piano.

練習問題【1】

（1） I play soccer every day.

（2） We study English on Sundays.

（3） You are kind.

（4） I eat apples.

（5） They are students.

練習問題【2】

（1） I like her.

（2） They study English every day.

（3） You play tennis on Sundays.

（4） We are students.

（5） I play the piano.

基本問題【１】

（１） don't play 　　（２） are not 　　（３） Do they play 　　（４） do not play

（５） Are you 　　　（６） Do you 　─Yes, I do

基本問題【２】

（１） I do not have any dogs.

（２） They don't run every day.

（３） We do not play tennis.

（４） Do you play the piano? ─ No, I do not.

練習問題【１】

（１） I have no cats.

（２） Do you have any cats?

（３） Do you play tennis on Wednesdays? ─ Yes, we do.

（４） We are not[aren't] students.

（５） They do not[don't] play the guitar.

**P. 48-51　まとめのテスト②**

【１】

（１） speak 　　（２） are 　　　（３） do not

（４） is not 　　（５） Is－is not 　（６） Do－they do

【２】

（１） イ 　　　（２） エ 　　　（３） ア

（４） ウ 　　　（５） オ 　　　（６） カ

【３】

（１） We do not[don't] play tennis.

（２） Do they like music?

（３） He is a pianist.

（４） They are not[aren't] students.

【４】

（１） We don't run every day.

（２） I do not have any cats.

（３） The students have many books.

（4） Do the girls play the piano？ — No, they do not.

【5】

（1） Are they teachers？

（2） The boys do not[don't] play soccer every day.

（3） I study English on Sundays.

（4） Her mother is a pianist.

（5） Do you like math？ — Yes, I do.


## P. 56-59

基本問題【1】

（1） Who （2） What （3） Where （4） Whose

（5） When （6） Which （7） Why （8） Which

基本問題【2】

（1） Where is the library？

（2） Whose bike is that？

（3） Which do you want, coffee or tea？

（4） What is this？ — It is a pen.

（5） Why do you like math？ — Because it is interesting.

（6） When do you study English？

練習問題【1】

（1） Who is she？

（2） Which bike is yours？

（3） Whose pen is that？

（4） When do you play the piano？

（5） Which bag do you want？

練習問題【2】

（1） Where is the station？

（2） What do you eat for breakfast？

（3） Whose pen is this？

（4） Which bag is hers？ あるいは Which is her bag？

（5） When do you use this bike[bicycle]？

（6） Where do they study English？

（7）　Why do you like Sachiko ?　—Because she is kind.

## P. 62-63

基本問題【１】

（１）　How 　　　（２）　How about 　　（３）　How much 　　（４）　How many

（５）　How 　　　（６）　How much 　　（７）　How – train 　　（８）　How about

基本問題【２】

（１）　How much is the cake ?

（２）　How many brothers do you have ?

（３）　How do they go to school ?

（４）　How about you ?

（５）　How is the weather ?

## P. 66-67

基本問題【１】

（１）　Do 　　　　　（２）　Don't run 　　（３）　Let's go

（４）　Don't be 　（５）　Please speak 　（６）　Don't speak

基本問題【２】

（１）　Don't swim here.

（２）　Wash your hands.

（３）　Be kind.

（４）　Don't be angry.

（５）　Open the door, please.

## P. 68-71　まとめのテスト③

【１】

（１）　Who 　　　　　（２）　How much 　　（３）　Play 　　　（４）　Where

（５）　Please speak 　（６）　Whose 　　　（７）　When 　　（８）　How

（９）　How many 　　（10）　Please be

【２】

（１）　エ 　　　（２）　イ 　　　（３）　オ

（４）　ア 　　　（５）　カ 　　　（６）　ウ

【3】

(1) When do you play tennis?

(2) Whose pen is this?

(3) Where do they run?

(4) What do you study every day?

【4】

(1) Don't run here.

(2) How do the students go to the library?

(3) Who is that man? ― He is my father.

(4) Which pen is yours, this one or that one? ― This one is.

【5】

(1) How many brothers do you have?

(2) Whose book is this?

(3) Be kind.

(4) Let's play soccer.

(5) Why do you like English? ― Because it is interesting.


**P. 74-77**

基本問題【1】

(1) eat          (2) eats          (3) eat

(4) studies     (5) study         (6) speak

(7) speaks      (8) speak         (9) watches

基本問題【2】

(1) He plays tennis after school.

(2) She studies English hard.

(3) Tom goes to school by bus.

(4) The girl practices the piano every day.

(5) The boy has two cats.

練習問題【1】

(1) The boys play soccer every day.

(2) Sachiko studies English on Sundays.

(3) Tom has two brothers.

（4）　He practices the guitar very hard.

（5）　They speak English very well.

練習問題【2】

（1）　She likes him.

（2）　They study very hard.

（3）　The girl has a brother.

（4）　The boy watches TV every day.

（5）　The boys play soccer on Mondays.


## P. 79-81

基本問題【1】

（1）　do not　　　　（2）　does not　　　（3）　don't　　　　（4）　doesn't

（5）　doesn't speak　（6）　don't speak　　（7）　Does – doesn't

基本問題【2】

（1）　He does not play tennis after school.

（2）　Does she have any dogs?

（3）　Tom does not go to school by bus.

（4）　Does the girl practice the piano every day?　—Yes, she does.

練習問題【1】

（1）　Tom does not[doesn't] speak Japanese.

（2）　They do not[don't] speak English.

（3）　The girl does not[doesn't] have any brothers.

（4）　Does the boy watch TV every day?　—No, he does not[doesn't].


## P. 84-87

基本問題【1】

（1）　can speak　　（2）　speak　　　（3）　plays

（4）　can play　　　（5）　can run　　（6）　writes

（7）　can write　　（8）　eats　　　（9）　can eat

基本問題【2】

（1）　We can run fast.

（2）　She can speak English very well.

（3） Tom can play the guitar.

（4） The boy can write a letter in Japanese.

（5） They can use this computer.

練習問題【1】

（1） I use this pen every day.

（2） They can speak English.

（3） The boy can swim well.

（4） She can write a letter in English.

（5） Sachiko can play the piano.

練習問題【2】

（1） Tom likes Japanese food.

（2） He can eat Japanese food.

（3） Sachiko speaks Japanese.

（4） She can speak English very well.

（5） I can use this computer.


## P.89-91

基本問題【1】

（1） can't speak　　（2） don't speak　　（3） cannot play

（4） Can – can　　（5） Can – can't　　（6） Does – does

基本問題【2】

（1） Can you run fast?

（2） She can't speak English well.

（3） Tom cannot play the guitar.

（4） Can the boy write a letter in Japanese?　— Yes, he can.

練習問題【1】

（1） Tom does not［doesn't］eat Japanese food.

（2） He can't［cannot］speak Japanese.

（3） Does the girl practice the piano?　— No, she does not［doesn't］.

（4） Can Sachiko play the piano?　— Yes, she can.

## P.92-95 まとめのテスト④

【1】

(1) goes　　　　(2) go　　　(3) speak　　(4) plays

(5) can play　　(6) do　　　(7) does

【2】

(1) エ　　　(2) イ　　　(3) カ

(4) ウ　　　(5) ア　　　(6) オ

【3】

(1) He studies English every day.

(2) They like Japan very much.

(3) Sachiko does not[doesn't] play tennis on Sundays.

【4】

(1) The student can't speak English well.

(2) Does she have any cats?

(3) Tom does not go to the library by train.

(4) Can the boy write a letter in English? — Yes, he can.

【5】

(1) Is your mother a pianist?

(2) Her mother cleans the room every day.

(3) The boys do not[don't] play soccer on Fridays.

(4) Tom cannot[can't] play the piano.

(5) Does the girl speak Japanese? — No, she does not[doesn't].


## P.98-101

基本問題【1】

(1) watch　　　(2) watched　　(3) practices

(4) practiced　(5) was　　　　(6) is

(7) was　　　　(8) eats　　　　(9) ate

基本問題【2】

(1) We ate lunch together.

(2) She studied English yesterday.

(3) The story was very sad.

（4） The boy spoke English.

（5） I had three dogs.

練習問題【１】

（1） Tom ate an apple.

（2） The apple was delicious.

（3） My mother cooks every day.

（4） I studied math yesterday.

（5） Sachiko spoke English.

練習問題【２】

（1） Tom liked Japan.

（2） The girl was very kind.

（3） I used the computer yesterday.

（4） They studied Japanese hard.

（5） My brother practiced the guitar yesterday.


## P. 104-107

基本問題【１】

（1） don't　　（2） didn't watch　　（3） doesn't

（4） didn't　　（5） was not　　（6） Is

（7） Was　　（8） Does　　（9） Did

基本問題【２】

（1） The boy did not speak English.

（2） We did not eat lunch together.

（3） The story was not sad.

（4） Did she study English yesterday?　— No, she did not.

練習問題【１】

（1） Tom doesn't[does not] eat apples.

（2） The apple was not[wasn't] red.

（3） Does your mother cook every day?

（4） Did you study math yesterday?

（5） Did Sachiko use the computer yesterday?

練習問題【2】

（1）　Tom did not[didn't] like Japan.

（2）　The girl was not[wasn't] tall.

（3）　I did not[didn't] use the computer yesterday.

（4）　The student did not[didn't] study English hard.

（5）　Did your brother practice the guitar yesterday?　— Yes, he did.


## P. 110-113

基本問題【1】

（1）　play　　　　（2）　am playing　　　（3）　plays

（4）　is playing　　（5）　study　　　　　（6）　watches

（7）　is watching　（8）　is using　　　　（9）　uses

基本問題【2】

（1）　Mary plays tennis after school.

（2）　Tom is playing tennis now.

（3）　We are studying English now.

（4）　Sachiko is practicing the piano now.

（5）　The boys are playing soccer in the park.

練習問題【1】

（1）　I play soccer every day.

（2）　I want a glass of water.

（3）　They are cleaning the room.

（4）　The student is studying math.

（5）　My father is cooking now.

練習問題【2】

（1）　The girl is playing tennis in the park.

（2）　Tom studies Japanese every day.

（3）　Tom is studying Japanese now.

（4）　I want a new computer.

（5）　My brothers are watching TV now.

## P. 115-117

基本問題【1】

（1） do not （2） am not （3） doesn't （4） isn't

（5） Do - do （6） Did - didn't （7） Is - is

基本問題【2】

（1） Mary does not play tennis after school.

（2） Tom is not playing tennis now.

（3） Are you studying English now? ― Yes, I am.

（4） Sachiko is not practicing the piano now.

練習問題【1】

（1） I am not studying English now.

（2） Tom does not[doesn't] study Japanese every day.

（3） The boy did not[didn't] play tennis yesterday.

（4） Are they playing tennis now? ― Yes, they are.


## P. 118-121　まとめのテスト⑤

【1】

（1） practices （2） practiced （3） isn't

（4） watch （5） watched （6） didn't

（7） is （8） wasn't （9） Is - is

【2】

（1） ウ （2） カ （3） イ

（4） ア （5） エ （6） オ

【3】

（1） His mother was very kind.

（2） Sachiko is playing the piano now.

（3） I studied English very hard yesterday.

（4） Tom watches TV every day.

【4】

（1） Mary does not play tennis after school.

（2） She studied math yesterday.

（3） The girl was very sad.

（4） Tom is not playing baseball now.

（5） Are the boys watching the soccer game now?

【5】

（1） We are not[aren't] studying math now.

（2） Tom does not[doesn't] speak Japanese.

（3） Was his father kind? ― Yes, he was.

（4） Did the boy play tennis yesterday? ― No, he did not[didn't].


**P. 124-127**

基本問題【1】

（1） played 　　（2） am playing 　　（3） was playing

（4） play 　　　（5） was watching 　（6） watches

（7） were studying

基本問題【2】

（1） I was practicing the piano at that time.

（2） They run every day.

（3） Tom was running in the park at that time.

（4） Tom ran in the park yesterday.

（5） Sachiko was watching TV at that time.

練習問題【1】

（1） I played soccer yesterday.

（2） Sachiko is practicing the piano now.

（3） Tom was watching TV then.

（4） The boy liked her.

練習問題【2】

（1） I had a cat.

（2） Sachiko was playing the piano at that time[then].

（3） Tom liked tennis.

（4） The boy was playing soccer at that time[then].

（5） We were watching TV at that time[then].

## P. 129-131

### 基本問題【1】

(1)  didn't play        (2)  am not playing

(3)  wasn't playing     (4)  don't play

(5)  wasn't watching    (6)  doesn't

(7)  Were – were

### 基本問題【2】

(1)  I was not practicing the piano at that time.

(2)  My mother wasn't cleaning the room at that time.

(3)  Tom was not running in the park at that time.

(4)  Was Sachiko watching TV at that time?  — No, she was not.

### 練習問題【1】

(1)  Sachiko was not[wasn't] playing the piano at that time[then].

(2)  Tom liked the girl three years ago.

(3)  Was the boy playing soccer at that time[then]?  — Yes, he was.

(4)  We were not[weren't] watching TV at that time[then].

(5)  What was she doing at that time[then]?


## P. 134-135

### 基本問題【1】

(1)  is      (2)  is          (3)  are

(4)  is      (5)  The cat is   (6)  are

(7)  is      (8)  The letter is (9)  The computers are

### 練習問題【1】

(1)  There is a cat under the chair.

(2)  There are three dogs in this house.

(3)  There is a letter on the desk.

(4)  The pen is in my bag.  あるいは  The pens are in my bag.

(5)  The book is in the room.  あるいは  The books are in the room.

## P.136-139　まとめのテスト⑥

【1】

（1）played　　　　（2）am watching　　　（3）was watching

（4）plays　　　　（5）is　　　　　　（6）is

（7）wasn't cleaning　　（8）Did he clean – he did

【2】

（1）オ　　　（2）カ　　　（3）ウ

（4）イ　　　（5）エ　　　（6）ア

【3】

（1）Tom did not[didn't] study math yesterday.

（2）I was not[wasn't] playing the piano at that time.

（3）Did he eat sandwiches yesterday?

【4】

（1）The boys were running in the park at that time.

（2）There is a pencil on the desk.

（3）The girl is practicing the piano now.

（4）Was the student studying English at that time?　— No, he was not.

（5）There are two cats under the chair.

【5】

（1）There is a ball in the box.

（2）Did you study English yesterday?

（3）I was not[wasn't] playing tennis at that time[then].

（4）There are two books on the desk.

（5）What was he doing at that time[then]?

## 著者略歴

### 多田 淑恵

　合同会社テラック代表。東京大学卒、東京大学大学院修士課程修了。在学中、ドイツ ベルリン・フンボルト大学に留学。日本IBM勤務を経て、合同会社テラックを設立。これからの社会を見据え、子どもたちの問題解決力を養う教育事業を展開する。

　著書に『お母さんの「怒りの言葉」は子どもの「やる気を引き出す言葉」に変えられる！』（PHP研究所）。『小学生のためのスター・ウォーズで学ぶ はじめてのプログラミング』（学研プラス）を監修。

〈英語学習・教育について〉

　中学生時代、英語学習歴2年で英検2級を取得。在籍していた同志社国際中学校で一般生史上初、帰国子女英語クラスに編入した経験を持つ。大学院では、言語情報科学専攻にて言語習得と外国語教育について研究を行う。

　学生時代から、家庭教師や塾講師を通して英語教育に従事し、日本語が原因で英語学習につまずいている生徒を多く目の当たりにしてきた。自身で教育事業を立ち上げた後も、国語力トレーニングを主軸に据えた英語教育を行っている。

**日本語と英語 くらべてわかる**
**中1英文法**

発行日　2023年7月10日
著者　　多田淑恵
発行者　面屋　洋
発行所　フォーラム・A企画

〒530-0056
大阪市北区兎我野町15-13
　　　　ミユキビル305号

TEL　（06）6365-5606
FAX　（06）6365-5607
振替　00970-3-127184

デザイン　和泉りきょう／ウエナカデザイン事務所
印刷　　　尼崎印刷株式会社
製本　　　高廣製本株式会社
制作編集　樫内真名生